社会人常識マナー検定試験
第38回・第40回・第42回・第44回・第46回
第48回・第50回・第52回・第54回
過去問題集

JN099480

1 級

＜目 次＞

はじめに

　この問題集は，本協会主催の検定試験の過去問題を収録し，作問の先生方による解説をつけて1冊としたものです。

　本書に掲載された過去問題に取り組み，さらに出題範囲に目を通すことで，毎回出題される問題の傾向や形式をつかむことができ，受験される方にも役だてていただけることと思います。

　試験問題対策には，過去の試験で実際に出題された問題を解く「過去問学習」が有効です。収録回数を3年分（9回分）に抑え，その分，丁寧な解説を加えているので反復練習がしやすく，検定試験に合格できるだけの実力を確実に養成できます。

　試験直前の総仕上げや力試しとして，ぜひとも過去問題に取り組んでください。

　本書を有効に活用し，検定試験に合格されることを期待しています。また下位級からステップアップして上位級にチャレンジされることをおすすめします。

　ぜひ，学習教材の1つとしてご活用いただき，1人でも多くの方が見事合格されることを祈ります。

　最後に，本書のためにご多用のところ問題の解答・解説にご尽力いただきました作問の先生方のご支援に厚くお礼申し上げます。

令和6年4月

監修者　公益社団法人　全国経理教育協会

≪≪≪ 社 会 人 常 識 マ ナ ー ≫≫≫

目標・概要

　社会人として活躍するためには，『働く力』が必要となります。業務処理に必要な知識や技能からなる業務遂行能力（テクニカルスキル）と社内外の人と良好な人間関係を築く人間力（ヒューマンスキル）が求められます。

　仕事をする際には，挨拶から始まるお互いを尊重した言動を心がけ，必要な内容を相互理解していくことが重要になります。そのためには，企業・社会のしくみと一般的な社会常識を理解し，適切な敬語で話し，簡潔なビジネス文書にまとめ，相手に失礼にならない電話応対や接遇などのマナーを身につけていくことが求められます。

　業務経験を通じて継続的に成長し，自立した人材になるための基本的な条件は，ビジネス社会のルールを理解したうえで周囲とのコミュニケーションを図れることです。

　また，現代を生きる社会人として，国内外の社会・経済・環境変化などに対する基本的な情報や知識を持つことも必要不可欠です。

　社会人常識マナーとは，『社会常識（ビジネス社会・企業などの組織の一員として活躍するために必要な常識や心構え）』，『コミュニケーション（正しい言葉遣い・目的に応じた適切なビジネス文書作成などの意思伝達スキル）』，『マナー（職場のマナー・電話応対・来客応対・冠婚葬祭など業務処理に必要なビジネスマナー)』を習得することです。

　就職活動期からすでに学生の常識が通用しなくなります。正しい社会常識，ビジネスマナー，コミュニケーションを学び，積極的に活動してほしいと願っています。

　すでにビジネスパーソンとして活躍している方々には，さらなる目標達成のため，また社内外の人からの信頼を得るためにも有効に活用していただければ幸いです。

【社会常識】..

1 級 社会情勢の変化をタイムリーに把握し，自らのキャリア形成に向けて主体的なスタンスを確立することの重要性と手法を習得している。

2 級 社会の仕組みや組織の機能・構造を理解し，経済用語やビジネス用語を活用しながら周囲と協働できる基礎力を習得している。

3 級 基本的な社会の仕組み・経済用語・ビジネス用語を理解して社会人として必要な基本的知識を習得している。

【コミュニケーション】..

1 級 社外の取引先や顧客との信頼関係の構築，社内での円滑な人間関係を築くために効果的な話し方，相互理解のための伝達手段の選択と実行，適切なビジネス文書作成など，状況を判断して自発的に高度なコミュニケーション力を発揮できる知識・技能を習得している。

2 級 社内の人との良い人間関係を築き，尊敬語や謙譲語など正しい敬語を理解して，上位者からの指示を正確に受け正しく報告できる，迅速に適切な業務連絡ができる，社内文書の形式や用語などを理解できるなどの基本的な知識・技能を習得している。

3 級 社内外の人との良好な人間関係を築くために，適切な敬語表現を活用し，正確なビジネス文書を作成し，さまざまなビジネスシーンでの状況対応ができる幅広い知識・技能を習得している。

【ビジネスマナー】..

1 級 社会のしきたりを理解し，円滑な交際業務が行え，来客応対・電話応対，会議，出張などにおいても高度な知識・技能を習得している。

2 級 自ら考え仕事を遂行するために必要な訪問のマナー，来客応対・電話応対の応用，社外との交際，会議参加・設営などの幅広い知識・技能を習得している。

3 級 指示された仕事を遂行するために，職場のマナー，来客応対・電話応対の基本，結婚・弔事のマナー，文書の取り扱いなどの知識・技能を習得している。

公益社団法人　全国経理教育協会　主催
文　部　科　学　省　後援

社会人常識マナー検定試験について

・試　験　日・試験時間・受　験　料・申込期間・試験会場・合格発表・申込方法・受験要項・出題範囲等

全国経理教育協会ホームページをご覧ください。

全国経理教育協会
ホームページ

受験要項
出題範囲

［受験者への注意］

１．申し込み後の変更，取り消し，返金はできませんのでご注意ください。

２．受験者は，試験開始時間の10分前までに入り，受験票を指定の番号席に置き着席してください。

３．解答用紙の記入にあたっては，**HBもしくはBの黒鉛筆または黒シャープペン**を使用してください。

４．計算用具の持ち込みは認めていません。

５．試験は，本協会の規定する方法によって行います。

６．試験会場では試験担当者の指示に従ってください。

　　この試験についての詳細は，本協会又はお近くの本協会加盟校にお尋ねください。

郵便番号　170−0004

東京都豊島区北大塚１丁目13番12号

公益社団法人　全国経理教育協会
helpdesk@zenkei.or.jp

受験番号

第38回社会人常識マナー検定試験
問 題 用 紙

1 級

（令和3年6月5日施行）

問題用紙は回収します。持ち帰り厳禁です。

解答用紙は，問題用紙にはさみ込んでありますので，試験担当者の指示にしたがって，抜き取ってください。

注　　意

- **試験開始の合図があるまで，問題用紙は開かないでください。**
- 試験問題1部と解答用紙1枚があります。
- 試験問題は，全部で5ページです。
- 試験問題と解答用紙を，試験担当者の指示にしたがって確認してください。ページ不足や違いがある人は，試験担当者まで申し出てください。
- この試験の制限時間は1時間30分です。
- 解答は，問題の指示にしたがい，すべて解答用紙の指定の位置に記入してください。
- 解答用紙の所定の位置に，試験会場，学校コード，氏名，受験番号を必ず記入してください。記入漏れがある場合には採点の対象とならない場合があります。
- 印刷の汚れや乱丁，筆記用具の不具合等で必要のある場合は，手をあげて試験担当者に合図してください。

主　催　　公益社団法人　全国経理教育協会
後　援　文　部　科　学　省

第1問 【社会常識】

設問1 次の1から5のカタカナの部分は漢字に，6から10の下線部の漢字は読みをカタカナで解答欄に記入しなさい。（10点）

1．すれ違うお客様にエシャクをする
2．社長のキョシュウに注目が集まる
3．上司への報告をチクジ行う
4．病がカイホウに向かう
5．ヘンケンを持たないようにする
6．国際条約に<u>批准</u>する
7．安易に相手に<u>迎合</u>しない
8．書類の<u>体裁</u>を整える
9．特別な<u>便宜</u>を図る
10．新規事業への参入を<u>躊躇</u>する

設問2 次の文中の「　」の中の□に入る正しい漢字を解答欄に記入しなさい。（5点）

1．「優□不断」とは決断すべき時に，基準が曖昧でなかなか決めることができないこと
2．「縦横無□」とは自由自在に物事を行うこと
3．「試行□誤」とは何度も失敗を重ねながら，解決策を見つけ出していくこと
4．「自□自賛」とは自分で自分のことをほめること
5．「危機一□」とは非常に危険な状況に陥りそうなこと

設問3 次の文中で，下線部のカタカナの部分を日本語におきかえた場合の適切な言葉を解答欄に記入しなさい。（5点）

1．今度の新規プロジェクトには，かなりの<u>マンパワー</u>が必要である。

2．ＳＮＳの活用は，<u>セールスプロモーション</u>を行う上で欠かせないものとなっている。

3．為替の変動によって大きな<u>ダメージ</u>を受ける。

4．新しい体制の<u>ガイドライン</u>については，社員全員で理解し遵守することが大切である。

5．ビジネスにおける価格交渉では，<u>イニシアチブ</u>を取ることが重要である。

1

設問4 次の文章の ☐ の中にあてはまる適切な言葉を解答欄に記入しなさい。（5点）

1．ヨーロッパ地域での政治的，経済的な結びつきを強めて，地域連携を高めるために形成している欧州連合をアルファベット2文字で ☐1 という。

2．特定の輸入品が急激に増えることによって，国内の生産者が被害を受けないよう保護する目的で輸入関税率を上げたり，輸入量に制限を設けたりする手段のことをカタカナで ☐2 という。

3．企業または従業員として，さまざまな法律や規則などの法令を遵守して社会的ルールを厳密に守ることをカタカナで ☐3 という。

4．企業が投資家に対して，経営や財務状況などの業績動向に関する情報を発信していく活動をアルファベット2文字で ☐4 活動という。

5．2018年6月に成立した ☐5 改革関連法は，長時間労働の是正，正社員・非正規社員の格差解消，高度プロフェッショナル制度の三つが柱となっている。

設問5 次の文章の ☐ の中にあてはまる適切な言葉を語群の中から選んで，記号を解答欄に記入しなさい。（重複不可）（5点）

　企業が自発的活動を通して社会の一員として認められ，存続していくために重要となる概念を企業の ☐1 と呼ぶが，その役割を果たす過程においては，常にさまざまなリスクと隣り合わせになっている。

　災害などによって建物や工場が被害を受けて稼働できない状態に陥ったり，消費者に対して自社の商品やサービスが何らかの被害を与えてしまったりなどの危険が存在している。また，従業員の ☐2 などによって自社のブランドイメージを低下させるような被害を受けることも考えられる。

　これら一連のリスクから企業をしっかりと守るための考え方を ☐3 と呼ぶ。あらかじめ起こりうるリスクを想定して，その発生頻度をできる限り低下させる手法と，実際にリスクが発生した際の対処として，保険などに加入して資金的な備えをしておく手法とが中心となる。

　☐3 自体は目新しい手法ではないが，近年，リスクが ☐4 していることや経営管理のあり方の変化，ステークホルダーへの ☐5 の増大などによって重要性が一層高まってきている。

語群	ア	多様化	イ	不祥事	ウ	画一化
	エ	説明責任	オ	リスクマネジメント	カ	社会的責任

2

第2問 【コミュニケーション】

設問1 次の文章は説得の仕方について述べたものである。　□□□□　の中にあてはまる適切な語句を解答欄に記入しなさい。（5点）

　　相手を説得するときに留意する点は次のとおりである。相手の　1　を取り除くこと，　2　よく相手に会うチャンスをつくること，相手が納得するまで　3　説得すること，相手に断られそうなときには　4　を打つこと，言葉の調子・　5　などで敬意を示しながら話すことなどである。

設問2 相手が理解しやすい説明の仕方について，ポイントを五つ解答欄に書きなさい。（5点）

設問3 次の文章は7月上旬に取引先の担当者あてに出すお中元の挨拶状である。下線部分にあてはまる語句を解答欄に記入しなさい。（10点）

　　　1　　2　の候　ますますご　3　のこととお喜び申し上げます。　4　は格別のご厚情を賜り厚く御礼申し上げます。
　　　5　，このたび日ごろの　6　のしるしとして心ばかりの品を別便にてお送りいたしましたので，ご　7　いただければ幸甚に存じます。今後とも社員一同　8　努力いたしてまいります。引き続きご支援を賜りますようお願い申し上げます。
　　まずは，　9　ながら　10　をもってご挨拶申し上げます。時節柄，くれぐれもご自愛のほどお祈りいたしております。
　　　敬具

設問4 次のような状況において，社会人としての適切な言葉遣いを解答欄に書きなさい。（10点）

1．来客に「今日は，面談の予約はあるか」と尋ねるとき。（クッション言葉も添えて）
2．不意の来客に「今，大塚課長は忙しいので会えない」と言うとき。
3．上司である品川部長に「忙しいときにすまない。来週の会議のことは知っているか」と聞くとき。
4．上司に商品説明会での様子を報告して，「質問がないか」と尋ねるとき。
5．休日に急用で上司の自宅に電話を入れることになり，上司が電話口に出た際にお詫びを言うとき。

3

第3問 【ビジネスマナー】

設問1 次の文章は情報収集の仕方について述べたものである。 ☐ の中にあてはまる語句を解答欄に記入しなさい。（5点）

　情報社会といわれる今日，インターネットなどから誰でも簡単に世界中の情報を得られるようになった。しかし，Ｗｅｂサイトの運営者は個人や企業，官公庁などさまざまである。使用する際には間違った情報に惑わされないよう，ㅤ1ㅤできる情報を収集する必要がある。また，古い情報は間違ったものもあるため，最新のものにㅤ2ㅤし，情報にㅤ3ㅤになるよう普段からアンテナを張っておくことが望ましい。

　収集した情報は，後でㅤ4ㅤできるよう保管・整理しておく。メールであればフォルダーを分けて保存する，紙の書類であればそのままファイリングして保存するか，スキャナーで読み取りㅤ5ㅤ化するなどがある。

設問2 贈り物を頂いた際にお返しを必要としないのはどのようなものか。三つ解答欄に書きなさい。（6点）

（例）お中元

設問3 課員Ａが内線電話を受けると常務から部長あての電話だった。急ぎ確認したいことがあると言う。部長が取引先と面談中の場合，どのように対応したらよいか。順を追って三つ解答欄に書きなさい。（6点）

設問4 次の郵便物に最も適した送り方を解答欄に記入しなさい。（5点）

1．取引先への請求書
2．商品カタログ
3．3万円が入った祝儀袋と手紙
4．20通の会議の案内状
5．1万円分のギフト券

4

設問5　社外の人を招いてホテルで会議を開くことになった。『6月5日10時開始15時終了　参加者10名』で会場を予約した後，ホテルの担当者に依頼・確認することを箇条書きで四つ解答欄に書きなさい。（8点）

設問6　次は祝儀袋のイラストである。1〜3の問について解答欄に記入しなさい。（10点）

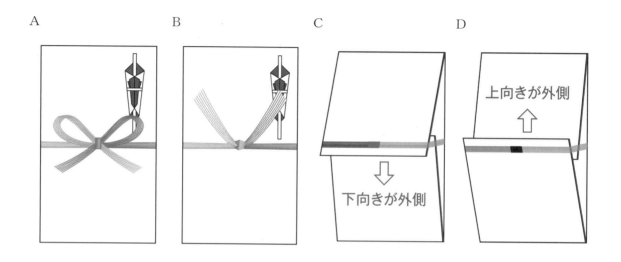

1．A，Bについて，それぞれの水引の結び方を何というか。

2．A，Bについて，それぞれ適した上書きの例を挙げなさい。（「御祝」以外）

3．C，Dについて，祝儀袋の正しい重ね方はどちらか。

5

第38回社会人常識マナー検定試験　解答用紙

1 級

試　験　会　場	学校コード
氏　　　名	受　験　番　号

合　計　得　点

第1問　【社会常識】

設問1	1		2		3		4		5	
	6		7		8		9		10	

	1	2	3	4	5
設問2					

	1	2	3	4	5
設問3					

	1	2	3	4	5
設問4					

	1	2	3	4	5
設問5					

第1問

第2問 【コミュニケーション】

設問1	1	2	3	4	5

設問2

設問3	1	2	3	4	5
	6	7	8	9	10

設問4	1	
	2	
	3	
	4	
	5	

第2問

第3問 　【ビジネスマナー】

設問1	1	2	3	4	5

設問2	

設問3	

設問4	1	2	3
	4	5	

設問5	

設問6	1	A		B	
	2	A		B	
	3				

第3問

受験番号 ｜ ｜ ｜ ｜ ｜

第40回社会人常識マナー検定試験
問 題 用 紙

1 級

（令和3年9月25日施行）

問題用紙は回収します。持ち帰り厳禁です。

　解答用紙は，問題用紙にはさみ込んでありますので，試験担当者の指示にしたがって，抜き取ってください。

注 意

- **試験開始の合図があるまで，問題用紙は開かないでください。**
- 試験問題1部と解答用紙1枚があります。
- 試験問題は，全部で6ページです。
- 試験問題と解答用紙を，試験担当者の指示にしたがって確認してください。ページ不足や違いがある人は，試験担当者まで申し出てください。
- この試験の制限時間は1時間30分です。
- 解答は，問題の指示にしたがい，すべて解答用紙の指定の位置に記入してください。
- 解答用紙の所定の位置に，試験会場，学校コード，氏名，受験番号を必ず記入してください。記入漏れがある場合には採点の対象とならない場合があります。
- 印刷の汚れや乱丁，筆記用具の不具合等で必要のある場合は，手をあげて試験担当者に合図してください。

主 催　公益社団法人　全国経理教育協会
後 援　文 部 科 学 省

第1問 【社会常識】

設問1 次の1から5のカタカナの部分は漢字に，6から10の下線部の漢字は読みをカタカナで解答欄に記入しなさい。（10点）

1．台風によってジンダイな損害を被る　　2．ジンソクな対応が求められる

3．医療費のコウジョを申請する　　4．悪い評判をフッショクする

5．書類にナツインする　　6．自慢話を吹聴して回る

7．契約書の内容を吟味する　　8．忠告を真摯に受け止める

9．斬新な発想が求められる　　10．脆弱な経営基盤を立て直す

設問2 次の文中の「　」の中の□に入る正しい漢字を解答欄に記入しなさい。（5点）

1．「一□発起」とは今までの考え方や行動を改めて，目標を成し遂げようと決意すること

2．「沈思□考」とは静かに，じっくりと考えること

3．「意気□沈」とは気力や元気を失って，落ち込んでしまうこと

4．「独断□行」とは自分ひとりの判断で，勝手に行動すること

5．「枝□末節」とは本質からはずれている些細なこと

設問3 次の文中で，下線部のカタカナの部分を日本語におきかえた場合の適切な言葉を解答欄に記入しなさい。（5点）

1．商品を購入する際には，何よりもコストパフォーマンスを重視している。

2．商品やサービスの満足度調査については，顧客をアトランダムに抽出して行っている。

3．不景気にもかかわらず，複数の仕事のオファーを受ける。

4．全国支店長会議の日程をコーディネートする。

5．顧客からの問い合わせに対しては，丁寧なレスポンスが要求される。

1

設問4 次の文章の _____ の中にあてはまる適切な言葉を解答欄に記入しなさい。（5点）

1．オリンピックに参加する各種国際スポーツ団体を統括するとともに，オリンピックを主催する団体をアルファベットで ☐1☐ という。

2．株主・顧客・地域住民・従業員など企業活動に関わるすべての利害関係者のことをカタカナで ☐2☐ という。

3．企業が，発生する可能性のあるさまざまな危機を日常的に想定し，準備や対策を立てることにより，損失を極力減らせるよう取り組む管理体制のことをカタカナで ☐3☐ という。

4．日本の中央省庁の中で，文化庁を外局として管轄するのは ☐4☐ 省である。

5．国の財政を測る概念で，歳入から歳出を差し引いた財政収支の差（基礎的財政収支）をカタカナで ☐5☐ という。

設問5 次の文章の _____ の中にあてはまる適切な言葉を語群の中から選んで，記号を解答欄に記入しなさい。（重複不可）（5点）

　会社や組織が部署と人材によって成り立っているように，仕事は一人で完結するものではなく，上司と部下・同僚などのチームで進めていくものである。会社や組織には成し遂げるべき理念や目標があり，その達成のためにそれぞれのチームには ☐1☐ が求められる。チームが ☐1☐ をあげるためには，互いに協力することはもちろん重要であるが，次の三つを実践することも必要である。一つめは，一人ひとりが自分にできること，チームに ☐2☐ できる分野を考えることである。二つめは，チームワークは ☐3☐ であることを念頭に置いて，一人ひとりが担当分野で価値を生み出すことである。三つめは，各人がプロフェッショナルとして ☐4☐ を持って仕事に取り組むことである。チームとして ☐1☐ をあげるためには，それぞれのチームがプロフェッショナルの ☐5☐ であることが求められている。

語群	ア	責任	イ	成果	ウ	集合体
	エ	リーダー	オ	貢献	カ	分業

2

第2問 【コミュニケーション】

設問1 次の文章は相手からの依頼を断るときについて述べたものである。　　　　の中にあてはまる適切な言葉を解答欄に記入しなさい。（5点）

　　相手の依頼を断るときには，聞いている途中で断らず，誠実に　1　まで相手の話をよく聞くことが大切である。「検討はいたします」など，相手に　2　を持たせないようにする。相手が　3　できるように，断る　4　を明らかにする。可能であれば　5　を示すなど配慮する。

設問2 ビジネスメールの特徴を五つ解答欄に書きなさい。（5点）

（例）返信時に，相手のメールの文章を引用できる。

設問3 次の各文の□の部分を（　）内の意味になるように，社外文書で使われる適切な慣用表現を解答欄に記入しなさい。（10点）

1．社員一同，ご要望にお応えできるよう，□□を期す所存でございます。（少しの落ち度もないように）
2．□□は格別のご愛顧を賜り，厚く御礼申し上げます。（いつも）
3．拝啓　□□の候　貴社ますますご隆盛のこととお喜び申し上げます。（9月の季節の言葉）
4．御礼□□□□ご案内申し上げます。（御礼とともに）
5．□□ではございますが，お納めください。（つまらない品）
6．ご高説を□□いたしたいと存じます。（「聴く」の謙遜した言い方）
7．ご□□はかねてより存じ上げております。（お名前）
8．万障お繰り合わせの上，ご□□いただければ幸いに存じます。（出席）
9．略儀ながら□□をもってご挨拶申し上げます。（手紙）
10．おかげさまで快方に向かっておりますので，どうぞご□□ください。（安心）

設問4　次のような状況において，社会人としての適切な言葉遣いを解答欄に書きなさい。（10点）

1．相手の電話の声が小さく聞こえにくい場合，「もう一度言ってほしい」と伝えるとき。
2．名刺交換の際に，相手の名前の読み方が分からない場合，「名前は何と読めばいいか」と相手に尋ねるとき。
3．上司に，「急ぎの報告がある。今いいか」と言うとき。
4．来客に「手間をかけるが，別の日に来てもらえないか」と言うとき。
5．同じ部署に課長の鈴木と課員の鈴木が在籍している。社外の人から鈴木あてに電話が掛かった際，相手にどちらの鈴木かを確認するとき。

第3問 【ビジネスマナー】

設問1 次の文章はデータや情報について述べたものである。[　　]の中にあてはまる語句を語群の中から選びなさい。（重複不可）（5点）

　　　資料，数値，観察の結果から得た[1]のことをデータという。そして，データを加工・分析すると何らかの意図や[2]を得ることができる。これが，情報となる。データは[3]にとって意味のある情報となることもあれば，意味のない単なるデータでしかないこともある。データや情報は[4]にのみ価値があるものである。ただし，[3]には利用価値がなくても，他者には重要な場合があることを認識し，データや情報の[5]には十分注意しなくてはならない。

語群	ア	事実	イ	取り扱い	ウ	自分	エ	必要な人	オ	価値

設問2 取引先主催の立食パーティーに参加することになった。どのようなことに留意したらよいか，箇条書きで三つ解答欄に書きなさい。（6点）

（例）コートや手荷物はクロークに預ける。

設問3 課員Aは，上司から明日の会議に使用する資料のコピーを頼まれ書類を預かった。書類はA4サイズの書類4枚とB5サイズの書類7枚である。このような場合に上司に確認することを三つ解答欄に書きなさい。（6点）

設問4 次の出版物・雑誌に関する用語を解答欄に記入しなさい。（5点）

1．週ごとに発行される刊行物
2．バイマンスリーともいわれ，1ヶ月おきに発行される刊行物
3．宣伝や案内用の一枚刷りの印刷物
4．国の告示，人事など政府が国民に知らせるために発行する機関紙
5．政府が発行する各界の現状と展望をまとめた報告書

5

設問5　来客応対の際，次の場所を案内するときの留意点についてそれぞれ解答欄に書きなさい。

（9点）

1．廊下を歩くとき
2．階段を上るとき
3．内開きの応接室に入るとき

設問6　次のA，Bは弔事における宗教別作法のイラストである。適切な語句をそれぞれ解答欄に書きなさい。（9点）

A　　　　　　　　　　　B

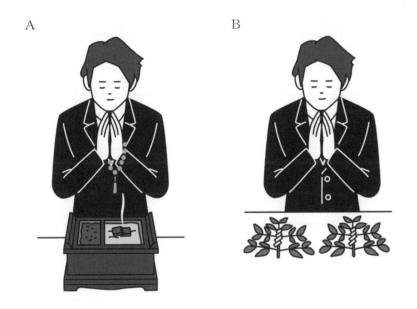

1．宗教の形式
2．礼拝の仕方
3．礼拝の際に音を立てずに二礼二拍手一礼をするのはA，Bのどちらか。

6

第40回社会人常識マナー検定試験　解答用紙
1　級

試験会場	学校コード
氏　名	受験番号

合計得点

第1問　【社会常識】

設問1	1		2		3		4		5	
	6		7		8		9		10	

設問2	1	2	3	4	5

設問3	1	2	3	4	5

設問4	1	2	3	4	5

設問5	1	2	3	4	5

第1問

第2問　【コミュニケーション】

<table>
<tr><td rowspan="2">設問1</td><td>1</td><td>2</td><td>3</td><td>4</td><td>5</td></tr>
<tr><td></td><td></td><td></td><td></td><td></td></tr>
</table>

<table>
<tr><td rowspan="2">設問2</td></tr>
<tr><td></td></tr>
</table>

<table>
<tr><td rowspan="4">設問3</td><td>1</td><td>2</td><td>3</td><td>4</td><td>5</td></tr>
<tr><td></td><td></td><td></td><td></td><td></td></tr>
<tr><td>6</td><td>7</td><td>8</td><td>9</td><td>10</td></tr>
<tr><td></td><td></td><td></td><td></td><td></td></tr>
</table>

<table>
<tr><td rowspan="5">設問4</td><td>1</td><td></td></tr>
<tr><td>2</td><td></td></tr>
<tr><td>3</td><td></td></tr>
<tr><td>4</td><td></td></tr>
<tr><td>5</td><td></td></tr>
</table>

第2問

第3問 【ビジネスマナー】

<table>
<tr><td rowspan="2">設問1</td><td>1</td><td>2</td><td>3</td><td>4</td><td>5</td></tr>
<tr><td></td><td></td><td></td><td></td><td></td></tr>
</table>

<table>
<tr><td>設問2</td><td></td></tr>
</table>

<table>
<tr><td>設問3</td><td></td></tr>
</table>

<table>
<tr><td rowspan="4">設問4</td><td>1</td><td>2</td><td>3</td></tr>
<tr><td></td><td></td><td rowspan="3"></td></tr>
<tr><td>4</td><td>5</td></tr>
<tr><td></td><td></td></tr>
</table>

<table>
<tr><td rowspan="3">設問5</td><td>1</td><td></td></tr>
<tr><td>2</td><td></td></tr>
<tr><td>3</td><td></td></tr>
</table>

<table>
<tr><td rowspan="3">設問6</td><td>1</td><td>A</td><td>B</td></tr>
<tr><td>2</td><td>A</td><td>B</td></tr>
<tr><td>3</td><td colspan="2"></td></tr>
</table>

第3問

受験番号 ▢ ▢ ▢ ▢ ▢ ▢

第42回社会人常識マナー検定試験
問 題 用 紙

1 級

（令和4年1月15日施行）

問題用紙は回収します。持ち帰り厳禁です。

解答用紙は，問題用紙にはさみ込んでありますので，試験担当者の指示にしたがって，抜き取ってください。

注　意

- **試験開始の合図があるまで，問題用紙は開かないでください。**
- 試験問題1部と解答用紙1枚があります。
- 試験問題は，全部で6ページです。
- 試験問題と解答用紙を，試験担当者の指示にしたがって確認してください。ページ不足や違いがある人は，試験担当者まで申し出てください。
- この試験の制限時間は1時間30分です。
- 解答は，問題の指示にしたがい，すべて解答用紙の指定の位置に記入してください。
- 解答用紙の所定の位置に，試験会場，学校コード，氏名，受験番号を必ず記入してください。記入漏れがある場合には採点の対象とならない場合があります。
- 印刷の汚れや乱丁，筆記用具の不具合等で必要のある場合は，手をあげて試験担当者に合図してください。

主　催　公益社団法人　全国経理教育協会
後　援　文　部　科　学　省

第1問 【社会常識】

設問1　次の1から5のカタカナの部分は漢字に，6から10の下線部の漢字は読みをカタカナで解答
欄に記入しなさい。（10点）

1．悪い慣習をゼセイする　　　　　　　2．売上をルイケイする

3．道路のジュウタイを避ける　　　　　4．人事をサッシンする

5．カコクな任務に就く　　　　　　　　6．約束を反故にする

7．大臣が更迭される　　　　　　　　　8．事の発端を追究する

9．管理体制が杜撰である　　　　　　　10．曖昧な態度を取る

設問2　次の文中の「　」の中の□に入る正しい漢字を解答欄に記入しなさい。（5点）

1．「心□一転」とは何かをきっかけとして，良い方向に気持ちを切り替えていくこと

2．「杓子□規」とは決まりきった考え方や基準にこだわって，融通が利かないこと

3．「付和□同」とは自分の考えが明確ではなく，安易に他人の言動に同調すること

4．「□死回生」とは絶望的な状態から，立ち直らせること

5．「感□無量」とは言葉では言い尽くせないほど，深く感じ入ること

設問3　次の文中で，下線部のカタカナの部分を日本語におきかえた場合の適切な言葉を解答欄に記
入しなさい。（5点）

1．フレキシブルな対応は，顧客満足度の向上に大きく貢献する。

2．新入社員のポテンシャルには，大いに期待している。

3．優秀なアナリストに原因の解明を依頼する。

4．研修後には必ずアウトプットが求められる。

5．会議には常にポジティブな姿勢で出席している。

1

設問4　次の文章の　□　の中にあてはまる適切な言葉を解答欄に記入しなさい。（5点）

1．企業が利益の追求のみに走ることなく，社会の一員であるという自覚を持って，期待や要求に応えていく社会的責任のことをアルファベットで　□1　という。

2．一人ひとりが，やりがいを持って働きながら充実した人生を送るために，仕事と生活の両立を図る考え方をカタカナで　□2　という。

3．目標達成に向けて計画，実行，検討，改善策の流れを繰り返すマネジメントサイクルをアルファベットで　□3　という。

4．フランス・アメリカ・イギリス・ドイツ・イタリア・カナダおよび日本による首脳会議をアルファベットと数字で　□4　という。

5．日本の中央省庁の中で，消防庁を外局として管轄するのは　□5　省である。

設問5　次の文章の　□　の中に入る適切な言葉を語群の中から選んで，記号を解答欄に記入しなさい。（5点）

　景気低迷期が長くなると，企業によるリストラという言葉をしばしば耳にするが，正式にはリストラクチャリングといい，本来は　□1　という意味で，人員整理や解雇のみを指すわけではない。
　企業経営において，成長分野への集中，　□2　の縮小や撤退を柱とした成長性と収益性の向上を加速させるための経営手法である。
　雇用問題については，近年では，企業もさまざまな対策を打ち出している。その一つに　□3　がある。雇用の維持や創出を図るために，仕事を複数の人員で分かち合うというものであるが，労働者の　□4　の改善に貢献する一方で，勤務日数や労働時間が短縮されるため，労働者にとっては収入減少に直結するという課題も残っている。
　労働者の安定した生活を確保できるよう，企業の継続的な努力は不可欠であるが，労働者一人ひとりも組織に頼るだけではなく，自ら　□5　に取り組む意識をしっかり持つ必要がある。

語　群	ア	キャリア形成	イ	不採算部門	ウ	ワーキングプア
	エ	ワークシェアリング	オ	事業再構築	カ	失業率

2

第2問 【コミュニケーション】

設問1　相手に伝わりやすく説明するときのポイントを三つ解答欄に書きなさい。（6点）

設問2　次はビジネス文書で使われる自分側と相手側の書き方である。1～4にあてはまる書き方を解答欄に記入しなさい。（4点）

	自分側	相手側
会社	1	貴社
意見	2	ご意見
品物	粗品	3
母	母親	4

設問3　次の各文の□の部分を（　　）内の意味になるように，社外文書で使われる適切な慣用表現に書き改め解答欄に記入しなさい。（10点）

1．拝啓　□□の候　貴社ますますご隆盛のこととお喜び申し上げます。（5月の季節の言葉）
2．平素は□□のご愛顧を賜り，厚く御礼申し上げます。（特別）
3．ご□□のほど，よろしくお願いいたします。（面会）
4．□□ながら，業務に精励いたしてまいります。（力不足）
5．これを□に一層のご発展をお祈り申し上げます。（きっかけ）
6．会社案内のパンフレットをお送りいたしますので，何とぞご□□ください。
　　（調べて受け取って）
7．支店開業に伴い□□を催したいと存じます。（「宴会」の謙遜した言い方）
8．□□お繰り合わせの上，ご臨席いただければ幸いに存じます。
　　（いろいろな差し障り）
9．□□ながら書中をもってご挨拶申し上げます。（簡略）
10．寒さ厳しき折，ご□□のほど，お祈り申し上げます。（お身体を大切に）

設問4 次のような状況において，社会人としての適切な言葉遣いを解答欄に書きなさい。（10点）

1．電話の相手に「よければ，私が伝言を聞くが，どうするか」と言うとき
2．取引先からの電話の用件が自分では判断できないので「担当者に確認して，後で連絡するがいいか」と言うとき
3．取引先担当者に「支障がなければ，明日の打ち合わせを延期してもらえないか」とお願いするとき
4．上司に報告をした後に，質問がないかを尋ねるとき
5．上司（大塚課長）から，体調不良で20分ほど出社が遅れると連絡を受けた。その直後に上司を訪ねてきた予約客に対して，お詫びと応接室で待ってもらえるかとお願いするとき

設問4　次のような状況において，社会人としての適切な言葉遣いを解答欄に書きなさい。（10点）

1．電話の相手に「よければ，私が伝言を聞くが，どうするか」と言うとき
2．取引先からの電話の用件が自分では判断できないので「担当者に確認して，後で連絡するがいいか」と言うとき
3．取引先担当者に「支障がなければ，明日の打ち合わせを延期してもらえないか」とお願いするとき

4

第3問 【ビジネスマナー】

設問1 次は席次について述べたものである。　　　　の中にあてはまる語句を解答欄に記入しなさい。（5点）

1．タクシーでは，運転席の　1　が上座となる。

2．オーナードライバーが運転する車では，運転席の　2　が上座となる。

3．応接室では，入口から最も　3　席が上座となる。

4．列車で3人掛けの場合は，　4　側，　5　側，真ん中の順に上座となる。

設問2 書類をファイリングする際のポイントを三つ解答欄に書きなさい。（6点）

（例）ファイルのタイトルは，ひと目見ただけで何の文書か分かるように具体的に付ける。

設問3 社内の情報漏洩を防ぐために留意する点を三つ解答欄に書きなさい。（6点）

（例）私物のパソコンやプログラムなど許可なく持ち込まない。

設問4 次の弔事に関する用語を解答欄に記入しなさい。（5点）

1．人が亡くなること

2．人が亡くなったという知らせ

3．遺族を代表して葬儀を取り仕切る人

4．亡くなったときの年齢

5．故人の家族

設問5 次の電話応対について，留意点を解答欄に記入しなさい。（9点）

1．電話を受けたが名指し人が休みのとき

2．相手が不在で留守番電話に伝言メッセージを入れるとき

3．問い合わせの電話を受けたとき

5

設問6　次の会議における適切な会場レイアウト図を例にならって解答欄に記入しなさい。
（机は □ ，椅子は○，人数は16人とする。）（9点）

（例　プロジェクターを使う研修会）

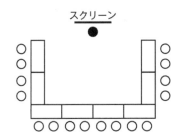

1．勉強会やセミナーなど，1人が複数の人に対して情報伝達を行う会議
2．参加者全員が顔を見合わせ，適度な距離感で意見交換を行う会議
3．4人ずつのグループとなり，議論や演習を行う会議

6

主催　公益社団法人　全国経理教育協会　　後援　文部科学省

第42回社会人常識マナー検定試験　解答用紙

1　級

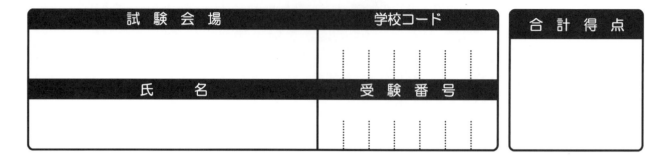

試験会場	学校コード
氏　名	受験番号

合計得点

第1問　【社会常識】

設問1	1		2		3		4		5	
	6		7		8		9		10	

設問2	1	2	3	4	5

設問3	1	2	3	4	5

設問4	1	2	3	4	5

設問5	1	2	3	4	5

第1問

第2問　【コミュニケーション】

設問1				

設問2	1	2	3	4

設問3	1	2	3	4	5
	6	7	8	9	10

設問4		
	1	
	2	
	3	
	4	
	5	

第2問

第3問　【ビジネスマナー】

設問1	1	2	3	4	5

設問2	

設問3	

設問4	1	2	3
	4	5	

設問5	1	
	2	
	3	

設問6	1 ● □	2	3 ● □

第3問

受験番号

第44回社会人常識マナー検定試験
問 題 用 紙

1 級

（令和4年6月4日施行）

問題用紙は回収します。持ち帰り厳禁です。

解答用紙は，問題用紙にはさみ込んでありますので，試験担当者の指示にしたがって，抜き取ってください。

注　　意

- 試験開始の合図があるまで，問題用紙は開かないでください。
- 試験問題1部と解答用紙1枚があります。
- 試験問題は，全部で6ページです。
- 試験問題と解答用紙を，試験担当者の指示にしたがって確認してください。ページ不足や違いがある人は，試験担当者まで申し出てください。
- この試験の制限時間は1時間30分です。
- 解答は，問題の指示にしたがい，すべて解答用紙の指定の位置に記入してください。
- 解答用紙の所定の位置に，試験会場，学校コード，氏名，受験番号を必ず記入してください。記入漏れがある場合には採点の対象とならない場合があります。
- 印刷の汚れや乱丁，筆記用具の不具合等で必要のある場合は，手をあげて試験担当者に合図してください。

主　催　　公益社団法人　全国経理教育協会
後援　文　部　科　学　省

第1問 【社会常識】

設問1　次の1から5の下線部のカタカナは漢字に，6から10の下線部の漢字は読みをカタカナで解答欄に記入しなさい。（10点）

1．芸の奥義を<u>エトク</u>する
2．人間関係が<u>キハク</u>になっている
3．電子メールに資料を<u>テンプ</u>する
4．仕事に<u>イギ</u>を見出す
5．<u>イギ</u>を唱える
6．監査役を<u>委嘱</u>する
7．<u>些細</u>なことを気にする
8．<u>行方</u>を定めず旅に出る
9．<u>疾病</u>を予防する
10．この本には<u>凡例</u>が多く記載されている

設問2　次の文中の「　」の中の □ に入る正しい漢字を解答欄に記入しなさい。（5点）

1．「一喜一□」とは状況が変化するたびに，喜んだり不安になったりすること
2．「紆余□折」とは物事の事情が複雑に込み入って，変化すること
3．「呉□同舟」とは敵と味方が同一の困難に対して，協力をすること
4．「四面楚□」とは周囲を敵に囲まれて，支援や助けを望めない状況のこと
5．「千載一□」とはもう二度とやってこないような絶好の機会のこと

設問3　次の文中で，下線部のカタカナの部分を日本語におきかえた場合の適切な言葉を解答欄に記入しなさい。（5点）

1．業務を可視化するために，<u>フローチャート</u>を作成する。

2．<u>イノベーション</u>を起こすことは，社会の活性化につながる。

3．開発スケジュールの<u>ディテール</u>を確認する。

4．来月の会議日程を<u>アレンジ</u>する。

5．どのような<u>オプション</u>があるのかを確認する。

設問4 次の文章の ［　　　　］ の中にあてはまる適切な言葉を解答欄に記入しなさい。（5点）

1．2015年に国連で採択され，加盟国政府や企業が，2030年に向けて持続可能な社会を実現するために取り組んでいる開発目標をアルファベット4文字で ［ 1 ］ という。

2．金融と技術を組み合わせた造語で，ITを活用した金融サービスの総称をカタカナで ［ 2 ］ という。

3．すべての国民に番号を付し，社会保障，税，災害対策などの分野で個人情報を結び付けて管理する法律をカタカナを用いて ［ 3 ］ 法という。

4．企業などにおいて，不採算部門の縮小・撤退や成長分野へ注力することで，収益力の向上を実現して成長性を維持する経営手法をカタカナで ［ 4 ］ という。

5．生活保護水準を下回るような収入で働き，不安定な生活環境に置かれている状況のことをカタカナで ［ 5 ］ という。

設問5 次の文章の ［　　　　］ の中に入る適切な言葉を語群の中から選んで，記号を解答欄に記入しなさい。（重複不可）（5点）

　企業が社会の一員として認められ，存続していくために負うべき義務を企業の ［ 1 ］ というが，その役割を果たす過程においては，さまざまな危機・危険が存在する。例えば，建物や工場が ［ 2 ］ などによって稼働できない状態に陥る，自社の商品やサービスが消費者に対して何らかの ［ 3 ］ を与えてしまう，従業員の不祥事や不正が自社の ［ 4 ］ を低下させてしまうことなどである。

　企業が，このような危機・危険から自らをしっかりと守るために，［ 5 ］ が重要な役割を担っている。［ 5 ］ 自体は目新しい手法ではないが，近年の経営管理のあり方の変化や説明責任の増大などによって，その重要性が一層高まってきている。

語　群	ア	ナレッジマネジメント	イ	被害	ウ	ブランドイメージ
	エ	リスクマネジメント	オ	災害	カ	社会的責任

2

第2問 【コミュニケーション】

設問1　次の英文は会議開催の案内である。　　　　の中にあてはまる適切な単語を語群の中から選び解答欄に書きなさい。（4点）

Notification of Meeting on Oct 17th

The annual meeting of the board of trustees will be ⬚1⬚ in the Boardroom ⬚2⬚ 10:00 a.m. ⬚3⬚ Monday. October 17. 2022. All the members are requested to attend.

Could you please ⬚4⬚ me know if you have any questions.

＜日本語訳＞

10月17日の会議のお知らせ

2022年10月17日月曜日午前10時より会議室で理事会の年次総会を開催いたします。

理事の皆様は，ご出席くださいますようお願いいたします。

何かご不明な点がございましたら，どうぞご連絡くださいませ。

語 群	hold	at	let	on
	in	held	get	of

設問2　上司からの指示を受けるときに，聞き間違いを防ぐために心掛けるポイントを三つ解答欄に書きなさい。（6点）

3

設問3 次は案内状の例である。1〜10の下線部分にあてはまる適切な語句を解答欄に記入しなさい。

(10点)

令和4年5月9日

○○○○株式会社

代表取締役社長　○○　○○様

株式会社○○○○

代表取締役社長　○○　○○

新製品発表会の開催（ご案内）

　1＿＿＿＿　2＿＿＿＿の候　貴社ますます3＿＿＿＿のこととお喜び申し上げます。
平素は　4＿＿＿の5＿＿＿を賜り厚く御礼申し上げます。
　さて，弊社の新製品発表会を下記のとおり開催いたしますので，6＿＿＿＿賜りますよ
うお願い申し上げます。
　7＿＿＿，略儀ながら8＿＿＿をもってご案内申し上げます。　　　　　9＿＿＿

10＿＿＿

　　1．開催日時　　6月7日（火）　　10時〜12時
　　2．開催場所　　品川ホテル

（以下省略）

設問4 次のような状況において，社会人としての適切な言葉遣いを解答欄に書きなさい。(10点)

1．受付で来客に対する挨拶言葉と，面談の予約の有無を尋ねるとき。
2．上司（大塚課長）が忙しくしているときに訪れた不意の来客に「上司は今忙しいので会えるか
　どうか聞いてくる。用件を聞かせてほしい」と言うとき。
3．取引先関係者の葬儀に参列した際の受付での最初の言葉。
4．初対面である取引先担当者（株式会社ゼンケイ田中課長）と，上司（鈴木課長）を双方に紹介
　するとき。
5．行き先の迷っている来客を見かけ「どこに行きたいのか，私が案内しようか」と言うとき。

4

第3問　【ビジネスマナー】

設問1　次の情報を取り扱う部門は次のうちのどれか。もっとも適当なものを語群の中から選びなさい。（重複不可）（5点）

1．備品管理一覧
2．貸借対照表
3．市場調査書
4．販売計画書
5．投資家向け情報

語　群	ア	営業部	イ	企画部	ウ	広報部	エ	総務部	オ	経理部

設問2　上司あてに予約客が約束の時間に来社した。外出している上司から取引先のトラブル対応のため30分程度遅れると連絡があった場合，どのように対応したらよいか。順を追って三つ解答欄に書きなさい。（6点）

設問3　入院している同僚の見舞いに行く際，留意することを三つ解答欄に書きなさい。（6点）

例）服装は落ち着いた印象を与えるものにする。

設問4　次の状況にふさわしい上書きを解答欄に記入しなさい。（5点）

1．12月に世話になった人に贈る品
2．77歳の祝い（「御祝」以外）
3．手土産
4．香典返し
5．競技大会の激励の品

設問5　秘文書の取り扱いについて，次のような場合に留意することをそれぞれ二つ解答欄に記入しなさい。（8点）

1．コピー機でコピーするとき
2．社内の人に配付するとき

5

設問6　全経商事の人事部員である大塚は，取引先Y社の上野氏から品川部長あてに電話を受けた。品川部長は外出中であることを伝えると，以下の伝言を依頼された。品川部長への伝言メモを作成し解答欄に記入しなさい。（10点）

> 来週開催される人材開発セミナーの件だが，確認したいことがあるので電話がほしい。また，明日6月4日の事前打ち合わせには，参加者名簿を持参してほしい。（現在午前10時）

6

主催　公益社団法人　全国経理教育協会　　後援　文部科学省

第44回社会人常識マナー検定試験　解答用紙
1 級

試 験 会 場	学校コード
氏　　名	受 験 番 号

合 計 得 点

第1問　【社会常識】

<table>
<tr><td rowspan="2">設問1</td><td>1</td><td>2</td><td>3</td><td>4</td><td>5</td></tr>
<tr><td>6</td><td>7</td><td>8</td><td>9</td><td>10</td></tr>
<tr><td rowspan="2">設問2</td><td>1</td><td>2</td><td>3</td><td>4</td><td>5</td></tr>
<tr><td></td><td></td><td></td><td></td><td></td></tr>
<tr><td rowspan="2">設問3</td><td>1</td><td>2</td><td>3</td><td>4</td><td>5</td></tr>
<tr><td></td><td></td><td></td><td></td><td></td></tr>
<tr><td rowspan="2">設問4</td><td>1</td><td>2</td><td>3</td><td>4</td><td>5</td></tr>
<tr><td></td><td></td><td></td><td></td><td></td></tr>
<tr><td rowspan="2">設問5</td><td>1</td><td>2</td><td>3</td><td>4</td><td>5</td></tr>
<tr><td></td><td></td><td></td><td></td><td></td></tr>
</table>

第1問

44

第2問 【コミュニケーション】

設問1	1	2	3	4

設問2	

設問3	1	2	3	4	5
	6	7	8	9	10

設問4	1	
	2	
	3	
	4	
	5	

第2問

第3問　【ビジネスマナー】

	1	2	3	4	5
設問1					

設問2	

設問3	

設問4			
	1	2	3
	4	5	

設問5	1	
	2	

設問6	

第3問

【禁無断転載】

受験番号 |　|　|　|　|　|　|

第46回社会人常識マナー検定試験
問 題 用 紙

1 級

（令和4年9月24日施行）

問題用紙は回収します。持ち帰り厳禁です。

　解答用紙は，問題用紙にはさみ込んでありますので，試験担当者の指示にしたがって，抜き取ってください。

注　意

・**試験開始の合図があるまで，問題用紙は開かないでください。**

・試験問題1部と解答用紙1枚があります。

・試験問題は，全部で5ページです。

・試験問題と解答用紙を，試験担当者の指示にしたがって確認してください。ページ不足や違いがある人は，試験担当者まで申し出てください。

・この試験の制限時間は1時間30分です。

・解答は，問題の指示にしたがい，すべて解答用紙の指定の位置に記入してください。

・解答用紙の所定の位置に，試験会場，学校コード，氏名，受験番号を必ず記入してください。記入漏れがある場合には採点の対象とならない場合があります。

・印刷の汚れや乱丁，筆記用具の不具合等で必要のある場合は，手をあげて試験担当者に合図してください。

主　催　　公益社団法人　全国経理教育協会
後　援　文　部　科　学　省

第1問 【社会常識】

設問1 次の1から5のカタカナの部分は漢字に，6から10の下線部の漢字は読みをカタカナで解答欄に記入しなさい。（10点）

1．特徴がケンチョに表れている
2．業務を計画通りにスイコウする
3．責任をツイキュウする
4．理想をツイキュウする
5．上司への報告をチクジ行う
6．会社の<u>定款</u>を確認する
7．台風による影響が<u>懸念</u>される
8．不況で事業が<u>頓挫</u>する
9．貸し借りを<u>相殺</u>する
10．時間の都合上，経緯を<u>割愛</u>する

設問2 次の文中の「　」の中の □ に入る正しい漢字を解答欄に記入しなさい。（5点）

1．「東奔西□」とは，あちらこちらへと忙しく動き回ること
2．「試行□誤」とは，何度も失敗を重ねながら，解決策を見つけ出していくこと
3．「針小□大」とは，些細なことを大げさに言うこと
4．「旧態□然」とは，昔のままで進歩や改善していないこと
5．「言語道□」とは，あまりにひどすぎて話にならないこと

設問3 次の文中で，下線部のカタカナの部分を日本語におきかえた場合の適切な言葉を解答欄に記入しなさい。（5点）

1．異業種との<u>コラボレーション</u>は新たな市場開拓につながる可能性がある。

2．<u>エンドユーザー</u>を意識した商品開発が必要である。

3．新規事業の<u>スキーム</u>を構築する。

4．<u>ニッチビジネス</u>への投資で赤字からの脱却を図る。

5．M＆A（企業の買収・合併）による<u>シナジー</u>に期待する。

1

設問4 次の文章の ☐ の中にあてはまる適切な言葉を解答欄に記入しなさい。（5点）

1．性別や国籍，年齢などにかかわりなく，さまざまな違いを尊重して受け入れ，社会やビジネス上の変化にも柔軟に対応していくという多様性を示す言葉をカタカナで ☐1 という。

2．すべての利害関係者にとって利益となるよう，企業が不祥事などを未然に防ぐために，経営を監視・統制するしくみのことをカタカナで ☐2 という。

3．企業の資金調達，営業活動などによって発生する現金の流れのことをカタカナで ☐3 という。

4．2016年に発効した，2020年以降の地球温暖化対策を含む気候変動に関する国際的枠組みをカタカナを用いて ☐4 協定という。

5．分析することによって利用者のニーズに即したサービスの提供などが可能となる，大量かつ多様なデジタルデータのことをカタカナで ☐5 という。

設問5 次の文章の ☐ の中に入る適切な言葉を語群の中から選んで，記号を解答欄に記入しなさい。（5点）

　仕事を確実に行うためには，さまざまな能力が求められる。例えば，ＩＴスキルや業務に関する特別な知識などの専門スキルを身に付けなければならない。業務を担当するために必要となるこれらは ☐1 スキルと呼ばれる。また，コミュニケーション力に加えて，集団を導く ☐2 力やマネジメント力も経験とともに必要とされる。人に対して発揮するこれらは， ☐3 スキルと呼ばれる。そして，複雑な事象を論理的に考えて分析できる論理的思考力，問題や課題の本質を見抜いて対策を立案する課題解決力などの ☐4 スキルも求められる。将来の起こりうる事態を想定する予見力も ☐4 スキルに含まれる。

　社会・経済の急速な変化や発展にともなって，求められる能力はさらに多種多様となってきている。そのため，その変化に対応しうるべく，一人ひとりが将来なりたい自分の姿にたどり着くための ☐5 の重要性が一層高まっている。

語　群	ア	フォロワーシップ	イ	コンセプチュアル	ウ	キャリア形成
	エ	リーダーシップ	オ	テクニカル	カ	ヒューマン

2

第2問 【コミュニケーション】

設問1 次の文章はファシリテーションについて述べたものである。　☐　の中にあてはまる適切な言葉を語群の中から選んで，記号を解答欄に記入しなさい。（重複不可）（5点）

　　ファシリテーションとは，会議やプロジェクトなどの集団活動がスムーズに進んで成果が上がるように　1　することである。また，その役割を担う人のことを　2　と呼ぶ。　2　は，次の三つのスキルを発揮することが大切である。一つ目は，メンバーの発言を熱心に理解する　3　のスキルである。二つ目は，不明点や疑問点などを問う　4　のスキルである。三つ目は，メンバーの能力が最大限に活用されるように，メンバーが相互に理解し，集団で　5　するように導くスキルである。

語　群	ア	ファシリテーター	イ	質問	ウ	支援
	エ	合意	オ	案内者	カ	傾聴

設問2 クレーム対応のポイントを五つ解答欄に書きなさい。（5点）

（例）話を最後まで聴く。

設問3 次は見舞状の例である。1～10の下線部分にあてはまる適切な語句を解答欄に記入しなさい。

（10点）

> 　　1　　　　ご入院をなされた2　　　　を承り，突然のことで大変驚いております。お仕事熱心なことへのご無理が重なったのではないかと，　3　　　　いたしております。
> 　　ご入院後の経過はいかがでしょうか。十分にご静養の上，　4　　　　を心より5　　　　申し上げます。
> 　　近日中にお見舞いに伺わせていただきますが，とりあえず別便にて6　　　　のお見舞いの品をお送りいたしました。7　　　　いただければ幸いに存じます。
> 　　8　　　，取り急ぎ9　　　　をもってお見舞い申し上げます。　　　　　　　　10　　　

設問4 次のような状況において，社会人としての適切な言葉遣いを解答欄に書きなさい。（10点）

1．同僚の結婚式に招かれて，受付でお祝いを渡すとき。
2．取引先に「間違ってFAXを送ったので，破棄してもらいたい」と言うとき。
3．取引先からの電話で，上司（大塚課長）への伝言を受けた際に「分かった。上司にきちんと伝える」と言うとき。
4．来客に「分からないことがあったら，うちのカスタマーサービスに聞いてくれ」と言うとき。
5．取引先の課長に「納品の期日について，なんとかしてもらえないか」と言うとき。

第3問 【ビジネスマナー】

設問1 次の文章は，プロジェクト管理について述べたものである。 ☐ の中に入る適切な言葉を語群の中から選んで，記号を解答欄に記入しなさい。（重複不可）（5点）

プロジェクト管理の「プロジェクト」とは，目標を達成するための ☐1 のことをいい，「管理」とは，目標が達成できる状態を ☐2 することをいう。

ビジネスでは，新製品や新サービスの企画・ ☐3 など，他部署や他社と ☐4 して進めたり，並行して行うこともある。そうしたプロジェクトを ☐5 させるためにプロジェクト管理があり，情報を効率よく把握する必要がある。

語 群	ア	成功	イ	維持	ウ	改善
	エ	計画	オ	連携	カ	開発

設問2 上司と一緒に取引先を訪問して取引先担当者と名刺交換する際，留意することを三つ解答欄に書きなさい。（6点）

例）立ち上がった状態で行う。

設問3 営業担当の大森が外出中（現在14時，15時帰社予定），大森あてに取引先である全経商事品川氏から電話が掛かってきた。このような場合，どのように対応するのがよいか。順を追って三つ解答欄に書きなさい。（6点）

設問4 次の出版物・雑誌に関する用語を解答欄に記入しなさい。（6点）

1．1カ月ごとに発行される刊行物
2．10日ごとに発行される刊行物
3．政府が発行する各界の現状と展望をまとめた報告書
4．大学や研究所などの研究論文集
5．宣伝や案内用の一枚刷りの印刷物
6．商品の一覧を紹介したもの

4

設問5　次の食事のマナーについて，留意することをそれぞれ二つずつ解答欄に記入しなさい。（12点）

1．日本料理の箸づかい，器の扱い方
2．西洋料理のナイフとフォーク，ナプキン
3．中華料理の回転台，料理の取り方

設問6　取引先である全経商事から祝賀会の案内状が届いた。当日，都合があり欠席で返信する場合，盛会を祈る言葉を添えて解答欄の返信はがきに書きなさい。（5点）

5

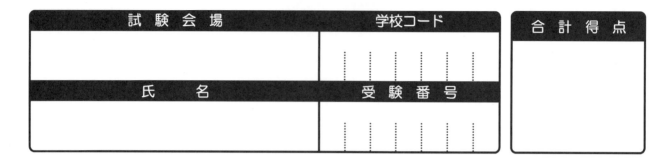

主催　公益社団法人　全国経理教育協会　　後援　文部科学省

第46回社会人常識マナー検定試験　解答用紙
1 級

試 験 会 場	学校コード	合 計 得 点
氏　　名	受 験 番 号	

第1問　【社会常識】

設問1	1		2		3		4		5	
	6		7		8		9		10	

設問2	1	2	3	4	5

設問3	1	2	3	4	5

設問4	1	2	3	4	5

設問5	1	2	3	4	5

第1問

第2問 【コミュニケーション】

設問1	1	2	3	4	5

設問2	

設問3	1	2	3	4	5
	6	7	8	9	10

設問4	1	
	2	
	3	
	4	
	5	

第2問

第３問　【ビジネスマナー】

設問1	1	2	3	4	5

設問2	

設問3	

設問4	1	2	3
	4	5	6

設問5	1	
	2	
	3	

設問6

〒170-0004
東京都豊島区北大塚
一―十三―十二
全経商事
祝賀会事務局　行

ご出席
ご欠席

ご住所
ご芳名
○○
○○○
○○○○
○○○○
○○○○
○○

第３問

受験番号 ｜ ｜ ｜ ｜ ｜ ｜

第48回社会人常識マナー検定試験
問 題 用 紙

1 級

（令和5年1月21日施行）

問題用紙は回収します。持ち帰り厳禁です。

解答用紙は，問題用紙にはさみ込んでありますので，試験担当者の指示にしたがって，抜き取ってください。

注　　意

・**試験開始の合図があるまで，問題用紙は開かないでください。**

・試験問題1部と解答用紙1枚があります。

・試験問題は，全部で5ページです。

・試験問題と解答用紙を，試験担当者の指示にしたがって確認してください。ページ不足や違いがある人は，試験担当者まで申し出てください。

・この試験の制限時間は1時間30分です。

・解答は，問題の指示にしたがい，すべて解答用紙の指定の位置に記入してください。

・解答用紙の所定の位置に，試験会場，学校コード，氏名，受験番号を必ず記入してください。記入漏れがある場合には採点の対象とならない場合があります。

・印刷の汚れや乱丁，筆記用具の不具合等で必要のある場合は，手をあげて試験担当者に合図してください。

主　催　公益社団法人　全国経理教育協会
後援　文　部　科　学　省

第1問　【社会常識】

設問1　次の1から5のカタカナの部分は漢字に，6から10の下線部の漢字は読みをカタカナで解答欄に記入しなさい。（10点）

1．契約書にショメイする　　　　　　　2．事態をシュウシュウする

3．損失をホショウする　　　　　　　　4．時間にコウソクされる

5．熱帯魚をカンショウする　　　　　　6．技術を<u>会得</u>する

7．悲願を<u>成就</u>する　　　　　　　　　8．政治家との<u>癒着</u>が問題視されている

9．外資系企業の<u>傘下</u>に入る　　　　　10．良心の<u>呵責</u>に耐えかねる

設問2　次の文中の「　」の中の□に入る正しい漢字を解答欄に記入しなさい。（5点）

1．「天変地□」とは，自然界で起こる災害や珍しい現象のこと

2．「不可□力」とは，人間の力ではどうすることもできない力や事態のこと

3．「因果□報」とは，悪い行いをすれば，後で必ずその報いを受けること

4．「一目瞭□」とは，一目見ただけで物事全体の様子がわかること

5．「一□両断」とは，ためらいや迷いを捨てて，思い切って物事を決断すること

設問3　次の文中で，下線部のカタカナの部分を日本語におきかえた場合の適切な言葉を解答欄に記入しなさい。（5点）

1．<u>エキスパート</u>を目指して技術を磨き精進する。

2．外部から<u>インストラクター</u>を招いて講習会を実施する。

3．<u>マイノリティー</u>の意見にも耳を傾ける。

4．現行品を<u>ダウンサイジング</u>することで差別化を図る。

5．会社経営には<u>リスクヘッジ</u>をする必要がある。

1

設問4　次の文章の ⬚ の中にあてはまる適切な言葉を解答欄に記入しなさい。（5点）

1．日本の中央省庁の中で，気象庁や観光庁などを外局として管轄するのは ⬚1⬚ 省である。

2．企業を定年退職した人が，引き続き再雇用されて働く雇用形態を ⬚2⬚ 社員という。

3．株式や投資信託の利益が非課税となる少額投資非課税制度をアルファベット4文字で ⬚3⬚ という。

4．地球温暖化対策のために市町村が森林を整備する財源として，2024年度から ⬚4⬚ 税が導入される。

5．モノとマネジメントシステムに世界的な共通基準・規格を定めることで，国際間の取引をスムーズにし，国際貿易の発展を支援する組織をアルファベット3文字で ⬚5⬚ という。

設問5　次の文章の ⬚ の中に入る適切な言葉を語群の中から選んで，記号を解答欄に記入しなさい。（重複不可）（5点）

　企業が社会から信頼を得て存続していくためには，さまざまな領域において社会的責任を果たすことが求められている。不正行為や違法行為として指摘を受けるものには，採用や昇進昇格における性差別や長時間労働による過労死，残業代の不払いなどの ⬚1⬚ の不備，さらには談合による価格調整などの ⬚2⬚ の軽視も問題事例として報道されることがある。

　企業が社会の一員として社会的責任を果たすためには，組織としてだけではなく，組織を構成する個人としても意識改革が求められている。法令や社会のルールを確実に守る ⬚3⬚ の徹底，経営状況の実態を株主・金融機関などへ開示する ⬚4⬚ の推進，そして事実に沿って現状を明確に社内外へ説明する ⬚5⬚ の強化が重要なポイントである。これらの意識が低いまま企業経営を行うと，社会からの信頼感を低下させるような不祥事につながり，企業のブランドイメージを傷つける事態に陥ることになる。

語　群	ア	ディスクロージャー	イ	人事管理体制	ウ	ＣＳＶ
	エ	アカウンタビリティー	オ	公平性	カ	コンプライアンス

第2問 【コミュニケーション】

設問1　次の文章はプレゼンテーションについて述べたものである。□□□の中にあてはまる適切な言葉を語群の中から選び解答欄に記入しなさい。（5点）

　プレゼンテーションは，□1□をとる手段の一つである。決められた時間内で，聞き手に対して情報や考えを分かりやすく□2□に伝えることで，理解・納得してもらい行動を促すことが目的である。

　プレゼンテーションは，「イントロダクション」，「ボディ」，「クロージング」の三つのパートで構成されている。イントロダクションは，□3□の部分で，聞き手の関心をひきつける。ボディは，□4□の部分で，三つのパートの中で最も時間をかけて伝える。クロージングは□5□の部分で，最後に自分の主張をアピールする。

語 群	ア	効果的	イ	締めくくり	ウ	つかみ
	エ	コミュニケーション	オ	本論	カ	抽象的

設問2　会議の議事録を作成する際に記載する項目を五つ解答欄に記入しなさい。（5点）

　例）開催日時

設問3　次は昇進祝いの礼状の例である。1〜10の下線部分にあてはまる適切な語句を解答欄に記入しなさい。（10点）

　　__1__　時下ますますご清栄のことと__2__申し上げます。
平素は__3__のお引き立てにあずかり，心より御礼申し上げます。
　　__4__，私儀，このたびの常務取締役就任に際しまして，ご丁寧なご祝意を__5__厚く御礼申し上げます。__6__ではございますが，新任務に精励する__7__でございます。
　　__8__倍旧のご支援ご鞭撻を__5__ますようお願い申し上げます。
　　__9__ではございますが，皆様のご多幸をお祈り申し上げます。
　　まずは，__10__ながら書中をもってご挨拶かたがた御礼申し上げます。　　　　　　謹白

設問4　次のような状況において，社会人としての適切な言葉遣いを解答欄に書きなさい。（10点）

1．大塚と名乗る来客に，どこの大塚さんか尋ねるとき。
2．取引先担当者に雨の中を来てもらったとき。
3．いつも世話になっている取引先に贈り物を渡すとき。
4．上司（大崎課長）から言われて，来客の品川さんに資料を渡すとき。
5．上司に今相談していいか，都合を聞くとき。

3

第3問 【ビジネスマナー】

設問1 次の文章は，インターネットを利用する際の留意点について述べたものである。□□□□の中に入る適切な言葉を語群の中から選んで，記号を解答欄に記入しなさい。（5点）

インターネットを利用する際は，自分のことだけではなく，その先につながっている世界中の利用者に対しても ☐1☐ に配慮が必要となる。そのためインターネット上は，☐2☐ であるという意識を常にもつことが大切である。また，情報を発信するときは内容には十分に注意し，特定の人を ☐3☐ する発言や，事実かどうか ☐4☐ な情報，個人情報，機密情報，所属する企業・組織に関する内容などは発信や拡散しないようにする。

また，インターネット上には詐欺などの悪意をもったユーザーによる配信もあるため，パソコンに ☐5☐ を入れて，トラブルを未然に防ぐことも必要である。

語 群	ア	中傷	イ	寛容	ウ	公の場
	エ	セキュリティーソフト	オ	曖昧	カ	社会的

設問2 取引先への面談を予定していたが，やむを得ない事情で日時の変更をお願いし，後日面談に伺うとき，どのように対応したらよいか，順を追って三つ解答欄に書きなさい。（6点）

設問3 ビジネスで必要な情報を収集・保管する際に留意することを三つ解答欄に書きなさい。（6点）

例）必要な情報かどうかを見極め，取捨選択する。

設問4 次の電話応対について，留意点を解答欄に記入しなさい。（8点）

1. 名指し人に同姓の社員が二人いる場合
2. 不在社員の私用の携帯電話番号を聞かれた場合
3. 顧客から掛かってきた電話が途中で切れた場合
4. 問い合わせの電話を受けた場合

4

設問5　次の説明にふさわしい会議用語を解答欄に記入しなさい。（5点）

1. 会議で審議・決定するための原案。議事の対象となる案件。
2. 会議に出席を許されていて発言をすることはできるが，会議の正規メンバーではないため議決権を有していない人のこと。
3. 会議の議事進行上の責任者。
4. 会議を円滑に行うために，予定している議事内容をまとめたもの。
5. 採決にあたって賛成と反対が同数になった場合，採決のために議長が行使する投票権。

設問6　次のような状況にふさわしい祝儀・不祝儀袋を下のA～Eから選び，上書きを解答欄に記入しなさい。（10点）

1. 結婚式（上書きは「御祝」「結婚御祝」以外）
2. 病気見舞い
3. 一般的な葬儀に共通
4. キリスト教の葬儀
5. 77歳の長寿のお祝（上書きは「御祝」「長寿御祝」以外）

A.

B.

C.

D.

E.

5

主催　公益社団法人　全国経理教育協会　　後援　文部科学省

第48回社会人常識マナー検定試験　解答用紙

1 級

試　験　会　場		学校コード	合　計　得　点
氏　　　名		受　験　番　号	

第1問　【社会常識】

設問1	1		2		3		4		5	
	6		7		8		9		10	

設問2	1	2	3	4	5

設問3	1	2	3	4	5

設問4	1	2	3	4	5

設問5	1	2	3	4	5

第1問

第2問 【コミュニケーション】

<table>
<tr><td rowspan="2">設問1</td><td>1</td><td>2</td><td>3</td><td>4</td><td>5</td></tr>
<tr><td></td><td></td><td></td><td></td><td></td></tr>
</table>

<table>
<tr><td>設問2</td><td></td></tr>
</table>

<table>
<tr><td rowspan="4">設問3</td><td>1</td><td>2</td><td>3</td><td>4</td><td>5</td></tr>
<tr><td></td><td></td><td></td><td></td><td></td></tr>
<tr><td>6</td><td>7</td><td>8</td><td>9</td><td>10</td></tr>
<tr><td></td><td></td><td></td><td></td><td></td></tr>
</table>

<table>
<tr><td rowspan="5">設問4</td><td>1</td><td></td></tr>
<tr><td>2</td><td></td></tr>
<tr><td>3</td><td></td></tr>
<tr><td>4</td><td></td></tr>
<tr><td>5</td><td></td></tr>
</table>

第2問

第3問　【ビジネスマナー】

設問1	1	2	3	4	5

設問2	

設問3	

設問4	1	
	2	
	3	
	4	

設問5	1	2	3
	4	5	

設問6		記号	上書き
	1		
	2		
	3		
	4		
	5		

第3問

受験番号 ☐ ☐ ☐ ☐ ☐ ☐

第50回社会人常識マナー検定試験
問　題　用　紙

1　級

（令和5年6月3日施行）

問題用紙は回収します。持ち帰り厳禁です。

　解答用紙は，問題用紙にはさみ込んでありますので，試験担当者の指示にしたがって，抜き取ってください。

注　　意

- **試験開始の合図があるまで，問題用紙は開かないでください。**
- 試験問題1部と解答用紙1枚があります。
- 試験問題は，全部で6ページです。
- 試験問題と解答用紙を，試験担当者の指示にしたがって確認してください。ページ不足や違いがある人は，試験担当者まで申し出てください。
- この試験の制限時間は1時間30分です。
- 解答は，問題の指示にしたがい，すべて解答用紙の指定の位置に記入してください。
- 解答用紙の所定の位置に，試験会場，学校コード，氏名，受験番号を必ず記入してください。記入漏れがある場合には採点の対象とならない場合があります。
- 印刷の汚れや乱丁，筆記用具の不具合等で必要のある場合は，手をあげて試験担当者に合図してください。

主　催　　公益社団法人　全国経理教育協会
後　援　文　部　科　学　省

第1問 【社会常識】

設問1 次の1から5のカタカナの部分は漢字に，6から10の下線部の漢字は読みをカタカナで解答欄に記入しなさい。（10点）

1．配偶者のフヨウに入る　　　　2．規制をカンワする
3．センザイ能力を引き出す　　　4．満期日に契約をコウカイする
5．新作映画を一般にコウカイする　6．真摯な態度で臨む
7．脆弱な経営体制を見直す　　　8．書類に捺印する
9．窮地に立たされる　　　　　　10．思惑が外れる

設問2 次の文中の「　」の中の□に入る正しい漢字を解答欄に記入しなさい。（5点）

1．「取□選択」とは，しっかりと見極めて，必要なものや大切なものを選んで取ること
2．「縦横□尽」とは，自由自在に物事を行うこと
3．「暗中□索」とは，手掛かりのない中で，手を尽くしていろいろ考え探し求めること
4．「新陳代□」とは，必要なものを取り入れ，不要なものは出すこと
5．「□令暮改」とは，命令や指示が頻繁に変わって一定しないこと

設問3 次の文中で，下線部のカタカナの部分を日本語におきかえた場合の適切な言葉を解答欄に記入しなさい。（5点）

1．マーチャンダイジングを刷新し，利益倍増を図る。

2．グローバルな視点で経営手腕を発揮する。

3．新体制に対してネガティブな意見が多い。

4．財務状況の改善とともに，メインバンクの見直しを検討する。

5．地域住民へハザードマップを配付する。

1

設問4 次の文章の ☐ の中にあてはまる適切な言葉を解答欄に記入しなさい。（5点）

1．東南アジアの10か国の地域協力である，経済的成長や社会文化的発展の促進を目標とした東南アジア諸国連合をアルファベットで ☐1☐ という。

2．フランス，アメリカ，イギリス，ドイツ，イタリア，カナダ，そして日本による首脳会議をアルファベットと数字で ☐2☐ という。

3．国の財政を測る概念で，歳入から歳出を差し引いた財政収支の差をカタカナで ☐3☐ という。

4．公的資金による「開発途上地域の開発を主たる目的とする政府および政府関係機関による国際協力活動」のことをアルファベットで ☐4☐ という。

5．日本の世界遺産の中で，初めて自然遺産として登録されたのは，青森県と秋田県にまたがる白神山地と鹿児島県の ☐5☐ 島である。

設問5 次の文章の ☐ の中に入る適切な言葉を語群の中から選んで，記号を解答欄に記入しなさい。（5点）

　企業は，常にさまざまなリスクと隣り合わせに事業活動をしている。そのため，しっかりと身を守るための ☐1☐ を行うことが重要になってくる。あらかじめ起こり得るリスクを ☐2☐ し，その発生を未然に回避あるいは事前に想定し，影響を低減するよう努めなければならない。

　リスクは，大きく二つに分類される。一つは，企業や組織，あるいは事業への損失のみをもたらす ☐3☐ である。火災や地震など一方的に損失を被る事象が該当する。これらは，予報や予測による統計的な把握が可能であり，保険の利用や ☐4☐ の整備などによって施策を講じることができる。もう一つは，損失と利益のどちらも発生する可能性のある ☐5☐ である。新製品の開発や海外進出などの事象が該当する。これらは，市場や国の情勢，為替などの外的要因により，損失だけでなく利益を生み出す可能性も含んでおり，市場調査や在庫管理などによってコントロールすることで，収益の確保に努めることもできる。

　近年はリスクが多様化し，また企業の社会的責任の増大によって経営管理のあり方も変化していることから， ☐1☐ の必要性が一層高まっている。

語群	ア	危機管理マニュアル	イ	ナレッジマネジメント	ウ	純粋リスク
	エ	投機リスク	オ	リスクマネジメント	カ	予見

2

第2問 【コミュニケーション】

設問1　次の文章はビジネスで好感をもたれる要素について述べたものである。 □ の中にあて
はまる適切な言葉を語群の中から選んで，記号を解答欄に記入しなさい。（重複不可）（5点）

　　ビジネスで好感をもたれる要素は四つある。一つ目は，企業のイメージアップにつながる [1]
である。清潔感があり，機能的で周囲と調和していることがポイントである。二つ目は，安心感を
与える [2] である。声の調子・高低・大きさ，速さなどに気を配るとよい。三つ目は，親しみ
やすさを与える [3] である。親しみやすい笑顔は，相手の緊張感を和らげ，心を開く効果があ
る。四つ目は，やる気を感じさせる立ち居振る舞いなどの [4] である。背すじを伸ばして前傾
姿勢で相手の話を聞くようにする。また，自分の思いや考えが相手に伝わるように笑顔や [5]
を添えるとよい。

語群	ア	表情	イ	身だしなみ	ウ	モチベーション
	エ	話し方	オ	アイコンタクト	カ	態度

設問2　社交文書の文書名を五つ解答欄に書きなさい。（5点）

　例）礼状

設問3　次の各文の□の部分を（　）内の意味になるように，社外文書で使われる適切な慣用表現に
書き改め解答欄に記入しなさい。（10点）

1．拝啓　□□の候　貴社ますますご隆盛のこととお喜び申し上げます。（10月の季節の言葉）
2．□□は格別のご厚情を賜り，厚く御礼申し上げます。（いつも）
3．□□ではございますが，貴社のご発展を祈念いたしております。（手紙の最後）
4．結構なお品をご□□賜り，ありがとうございました。（贈って）
5．お送りいただきました書類は，確かに□□いたしました。（受け取り）
6．誤発注の件は解決いたしましたので，どうぞご□□ください。（気にしないで）
7．万障お繰り合わせの上，ご□□いただければ幸いに存じます。（出席）
8．暑さ厳しき折，ご□□のほど，お祈り申し上げます。（お身体を大切に）
9．略儀ながら□□をもってご挨拶申し上げます。（手紙）
10．何とぞご□□くださいますようにお願いいたします。（面会して）

設問4 次のような状況において，社会人としての適切な言葉遣いを解答欄に書きなさい。（10点）

1．突然の来客に「私では分からない。手間をかけるが，別の日に来てもらえないか」と言うとき

2．取引先の課長に「支障がなければ，明日の打ち合わせを延期してもらえないか」とお願いするとき

3．上司に新製品発表会の様子を報告した後に，質問がないか尋ねるとき

4．上司に借りていた資料を返すとき

5．出張中の部長から電話を受けて，同じ部署の品川さん（在席）を呼び出してほしいと言われたとき

4

第3問 【ビジネスマナー】

設問1　次の文章は，情報の扱い方について述べたものである。 □ の中に入る適切な言葉を語群の中から選んで，記号を解答欄に記入しなさい。（重複不可）（5点）

　一般的に企業経営を行う上で役立つさまざまな要素や能力のことを ［1］ （ヒト・モノ・カネ・情報）という。企業はモノを製造，販売，あるいはサービスを提供する中で ［2］ を生み，その対価を得ることで成り立つ。さまざまな情報を的確に取り扱うことで正しい ［3］ につながるのである。

　また， ［4］ には情報そのものだけでなく，情報を収集，処理，保管するまでの機器まで含まれる。企業には多くの ［4］ が存在し，それらは ［5］ の普及にともない，価値はますます高まっているといえる。

語群	ア	情報資産	イ	経営	ウ	ＩＴ
	エ	経営資源	オ	付加価値	カ	管理

設問2　外部会場で社外の人を招いて会議を行うことになった。当日準備することを三つ解答欄に書きなさい。（6点）

　例）会場の入口に会議名や主催者名などを表示する。

設問3　仕事を的確に指示するときに留意することを三つ解答欄に書きなさい。（6点）

　例）期限を明確に伝える。

設問4　書類を管理・整理する際のポイントを三つ解答欄に書きなさい。（6点）

　例）不要な文書を処分する。

5

設問5 次の弔事に関する用語を解答欄に記入しなさい。（5点）

1．故人が亡くなったときの年齢
2．遺族の代表として儀式を執り行う人
3．霊前に供える金銭
4．遺族や親族が故人の冥福を祈る儀式
5．一周忌，三回忌，七回忌など故人の冥福を祈るための行事

設問6 次は部屋や乗り物の席次を表したイラストである。上座から下座の順に番号（1～4）を解答
欄の○中に記入しなさい。（12点）

1．応接室　　　　　2．和室　　　　　3．列車　　　　4．運転手つきの車

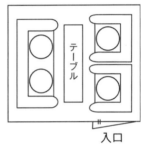 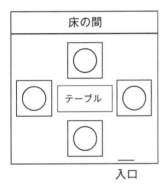 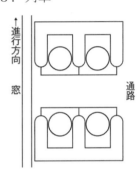 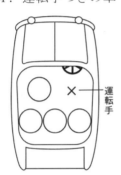

6

主催　公益社団法人　全国経理教育協会　　後援　文部科学省

第50回社会人常識マナー検定試験　解答用紙
1　級

試 験 会 場	学校コード
氏　名	受 験 番 号

合 計 得 点

第1問　【社会常識】

設問1	1	2	3	4	5
	6	7	8	9	10

設問2	1	2	3	4	5

設問3	1	2	3	4	5

設問4	1	2	3	4	5

設問5	1	2	3	4	5

第1問

第2問 【コミュニケーション】

<table>
<tr><td rowspan="2">設問1</td><td>1</td><td>2</td><td>3</td><td>4</td><td>5</td></tr>
<tr><td></td><td></td><td></td><td></td><td></td></tr>
</table>

<table>
<tr><td rowspan="2">設問2</td><td>1</td><td>2</td><td>3</td><td>4</td><td>5</td></tr>
<tr><td></td><td></td><td></td><td></td><td></td></tr>
</table>

<table>
<tr><td rowspan="4">設問3</td><td>1</td><td>2</td><td>3</td><td>4</td><td>5</td></tr>
<tr><td></td><td></td><td></td><td></td><td></td></tr>
<tr><td>6</td><td>7</td><td>8</td><td>9</td><td>10</td></tr>
<tr><td></td><td></td><td></td><td></td><td></td></tr>
</table>

<table>
<tr><td rowspan="5">設問4</td><td>1</td><td></td></tr>
<tr><td>2</td><td></td></tr>
<tr><td>3</td><td></td></tr>
<tr><td>4</td><td></td></tr>
<tr><td>5</td><td></td></tr>
</table>

第2問

75

第3問 【ビジネスマナー】

設問1	1	2	3	4	5

設問2	

設問3	

設問4	

設問5	1	2	3
	4	5	

設問6	1	2	3	4
	テーブル 入口	床の間 テーブル 入口	進行方向 窓 通路	運転手 ×

第3問

受験番号 ｜ ｜ ｜ ｜ ｜

第52回社会人常識マナー検定試験
問 題 用 紙

1 級

（令和5年9月23日施行）

問題用紙は回収します。持ち帰り厳禁です。

解答用紙は，問題用紙にはさみ込んでありますので，試験担当者の指示にしたがって，抜き取ってください。

注　意

・**試験開始の合図があるまで，問題用紙は開かないでください。**

・試験問題1部と解答用紙1枚があります。

・試験問題は，全部で6ページです。

・試験問題と解答用紙を，試験担当者の指示にしたがって確認してください。ページ不足や違いがある人は，試験担当者まで申し出てください。

・この試験の制限時間は1時間30分です。

・解答は，問題の指示にしたがい，すべて解答用紙の指定の位置に記入してください。

・解答用紙の所定の位置に，試験会場，学校コード，氏名，受験番号を必ず記入してください。記入漏れがある場合には採点の対象とならない場合があります。

・印刷の汚れや乱丁，筆記用具の不具合等で必要のある場合は，手をあげて試験担当者に合図してください。

主　催　公益社団法人　全国経理教育協会
後　援　文　部　科　学　省

第1問 【社会常識】

設問1 次の1から5のカタカナの部分は漢字に，6から10の下線部の漢字は読みをカタカナで解答欄に記入しなさい。（10点）

1．知人にベンギを図る
2．カワセの動向を見守る
3．事のホッタンを確認する
4．コウテイ的な意見を述べる
5．生産のコウテイを見直す
6．経営が破綻する
7．販売店を頻繁に訪ねる
8．内容をよく吟味する
9．他社製品と仕様が酷似している
10．情報の漏洩に注意する

設問2 次の文中の「　」の中の□に入る正しい漢字を解答欄に記入しなさい。（5点）

1．「天真爛□」とは，飾り気がなく，素直で明るく自然で無邪気なこと
2．「呉□同舟」とは，敵と味方が同一の困難に対して，協力をすること
3．「大器□成」とは，大成するためには，時間がかかること
4．「四面楚□」とは，周囲を敵に囲まれて，支援や助けを望めない状況のこと
5．「□口同音」とは，多くの人が同じことを，口を揃えて言うこと

設問3 次の文中で，下線部のカタカナの部分を日本語におきかえた場合の適切な言葉を解答欄に記入しなさい。（5点）

1．曖昧なアセスメントの基準を見直す必要がある。

2．イレギュラーな事態の対応に追われる。

3．来場者が多く，会場のキャパシティーを超える可能性がある。

4．チーム内でのコンセンサスを取る必要がある。

5．営業部長が，ヘッドハンティングによって退社するとの噂がある。

設問4 次の文章の ☐ の中にあてはまる適切な言葉を解答欄に記入しなさい。（5点）

1. 企業が社会の一員であるという自覚を持って，社会からの期待や要求に応えていく社会的責任のことをアルファベット3文字で ☐ という。

2. 企業にとっての利害関係者を指す言葉で，株主・顧客・地域住民・金融機関・従業員など企業活動に関わるすべてを含む言葉をカタカナで ☐ という。

3. 製品の欠陥によって消費者が生命・身体・財産に被害を受けた場合に，製造者側がその損害を賠償する製造物責任法をアルファベット2文字を用いて ☐ 法という。

4. 2018年6月に成立した ☐ 関連法は，時間外労働の上限規制の強化，正社員と非正規社員との不合理な待遇差の解消（同一労働同一賃金）などが柱となっている。

5. 教育，科学，文化の協力と交流を通じて，国際平和と人類の福祉の促進を目的とした国際連合の専門機関をアルファベット6文字で ☐ という。

設問5 次の文章の ☐ の中にあてはまる適切な言葉を語群の中から選んで，記号を解答欄に記入しなさい。（重複不可）（5点）

　会社や組織が部署と人材によって成り立っているように，仕事は一人で完結するものではなく，上司と部下・同僚などのチームによって進めていくものである。会社や組織には成し遂げるべき理念や目標があり，その達成のためにそれぞれのチームには ☐1☐ が求められる。

　チームが ☐1☐ をあげるためには，互いに協力することはもちろん重要であるが，次の三つを実践することも必要である。まず，一人ひとりが自分にできること，チームに ☐2☐ できる分野を考えなければならない。同じ役割を果たす人は二人も必要ないということである。次に，チームワークは ☐3☐ であることを忘れてはならない。それぞれが担当分野で価値を生み出すことが求められている。そして，各人が ☐4☐ として責任を持って仕事に取り組まなければ，チームとして目標を達成することはできない。それぞれのチームが ☐4☐ の ☐5☐ であることが求められている。

語群	ア	貢献	イ	プロフェッショナル	ウ	分業
	エ	集合体	オ	成果	カ	リスクヘッジ

2

第2問 【コミュニケーション】

設問1　次の文章はクレームについて述べたものである。　□　の中にあてはまる適切な言葉を語群の中から選んで，記号を解答欄に記入しなさい。（重複不可）（5点）

　　クレームとは，サービスに対する苦情や　1　，契約あるいは法律上の　2　のことである。何らかの理由で顧客が　3　していない際に，さまざまなケースのクレームが発生する。クレームを嫌なことと捉えずに，サービスの質を上げるために顧客の　4　を真摯に受け止め，改善につなげることが重要である。クレームを未然に防ぐことはとても大事であるが，それでも発生した場合は，問題を最小限に抑えるための　5　や対処法の情報共有が大切になる。

語　群	ア	満足	イ	改善要求	ウ	顔
	エ	状況把握	オ	権利請求	カ	声

設問2　次の表はビジネス文書で使われている自分側と相手側の呼び方である。　1〜5の中にあてはまる呼び方を解答欄に記入しなさい。（5点）

	自分側	相手側
意見	1	ご意見
品物	2	佳品
場所	当地	3
父親	父	4
母親	母	5

設問3　次の文章は7月上旬に取引先の担当者あてに出す中元の挨拶状である。下線部分にあてはまる語句を解答欄に記入しなさい。（10点）

　　拝啓　　1　の候　ますます　2　のこととお喜び申し上げます。
　　　3　は格別のご厚情を賜り，厚く御礼申し上げます。
　　　4　，このたび日ごろの　5　のしるしとして心ばかりの品を別便にてお送りいたしましたので，ご　6　いただければ幸甚に存じます。今後とも社員一同　7　努力いたす所存でございます。引き続きご支援を賜りますようお願い申し上げます。
　　まずは，　8　ながら　9　をもってご挨拶申し上げます。時節柄，くれぐれもご自愛のほど祈念いたします。

　　　　　　　　　　　　　　　　　　　　　　　　　　　　　　　　　　　　　　10

3

80

設問4 次のような状況において，社会人としての適切な言葉遣いを解答欄に書きなさい。（10点）

1．来客に「今日は，面談の予約はあるか」と尋ねるとき。
2．上司に「仕事中にすまないが，報告したいことがある。今時間はいいか」と尋ねるとき。
3．電話の相手に「よければ，私が伝言を聞くが，どうしようか」と言うとき。
4．来客に「そこの椅子に座ってこの用紙に必要事項を記入してくれないか」と言うとき。
5．取引先からの電話に「大塚課長は席にいない。戻ったら電話するように伝えるがよいか」と言うとき。

第3問 【ビジネスマナー】

設問1　次の文章は来客応対について述べたものである。　　　　の中にあてはまる適切な言葉を解
答欄に記入しなさい。(重複不可)(6点)

1．受付では，客の会社名・氏名・取り次ぐ相手・　1　を確認する。

2．案内する際は，客の二，三歩　2　を歩くようにする。客には，　3　を歩いてもらう。

3．応接室では，　4　のドアの場合は案内者が先に入室し，その後客が入る。　5　のド
アの場合はその逆となる。

4．客に席を勧めるときは，　6　を指し示すようにする。

設問2　取引先からクレームの電話があった。注文した商品とは違うものが届いているという。担当
者は外出しており帰社は1時間後である。このような場合の対応について，順を追って三つ解
答欄に書きなさい。(6点)

設問3　機密情報の情報漏洩を防ぐために留意することを三つ解答欄に書きなさい。(6点)

例) パソコンのパスワードは周囲に知られないようにする。

設問4　個人の日程管理を行う際に留意することを三つ解答欄に書きなさい。(6点)

例) 出張・外出の際は，移動の時間も考慮する。

設問5　次の物品について最も適した郵送方法を解答欄に記入しなさい。(6点)

1．3万円分の商品券

2．1万円が入った祝儀袋

3．会社のパンフレット

4．取引先への領収書

5．100通の会議の案内状

6．株主総会で使用する備品

5

設問6　次は弔事における宗教別作法のイラストである。適切な語句をそれぞれ解答欄に記入しなさい。

（10点）

A　　　　　　　　　　　　B

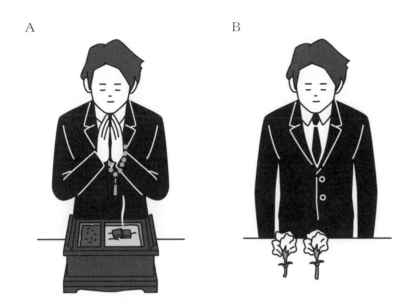

1．宗教の形式

2．礼拝の仕方

3．「初七日」など，故人の冥福を祈る儀式を行うのはA，Bのどちらか。

6

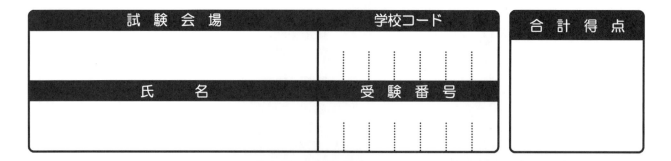

主催 公益社団法人 全国経理教育協会　後援 文部科学省

第52回社会人常識マナー検定試験　解答用紙
1 級

試　験　会　場	学校コード	合　計　得　点
氏　　名	受　験　番　号	

第1問　【社会常識】

設問1	1		2		3		4		5	
	6		7		8		9		10	

設問2	1	2	3	4	5

設問3	1	2	3	4	5

設問4	1	2	3	4	5

設問5	1	2	3	4	5

第1問

第2問 【コミュニケーション】

設問1	1	2	3	4	5

設問2	1	2	3	4	5

設問3	1	2	3	4	5
	6	7	8	9	10

設問4		
1		
2		
3		
4		
5		

第2問

第3問　【ビジネスマナー】

設問1	1	2	3
	4	5	6

設問2	

設問3	

設問4	

設問5	1	2	3
	4	5	6

設問6	1	A		B	
	2	A		B	
	3				

第3問

受験番号

第54回社会人常識マナー検定試験
問 題 用 紙

1 級

（令和6年1月20日施行）

問題用紙は回収します。持ち帰り厳禁です。

解答用紙は，問題用紙にはさみ込んでありますので，試験担当者の指示にしたがって，抜き取ってください。

注　意

- **試験開始の合図があるまで，問題用紙は開かないでください。**
- 試験問題1部と解答用紙1枚があります。
- 試験問題は，全部で6ページです。
- 試験問題と解答用紙を，試験担当者の指示にしたがって確認してください。ページ不足や違いがある人は，試験担当者まで申し出てください。
- この試験の制限時間は1時間30分です。
- 解答は，問題の指示にしたがい，すべて解答用紙の指定の位置に記入してください。
- 解答用紙の所定の位置に，試験会場，学校コード，氏名，受験番号を必ず記入してください。記入漏れがある場合には採点の対象とならない場合があります。
- 印刷の汚れや乱丁，筆記用具の不具合等で必要のある場合は，手をあげて試験担当者に合図してください。

主　催　公益社団法人　全国経理教育協会
後　援　文　部　科　学　省

第1問 【社会常識】

設問1　次の1から5のカタカナの部分は漢字に，6から10の下線部の漢字は読みをカタカナで解答
欄に記入しなさい。（10点）

1．外部に業務をイタクする
2．試合のキンコウを破る
3．問題点をゼセイする
4．選挙のタイセイはほぼ決した
5．事態をシュウシュウする
6．悪事が<u>露呈</u>する
7．良心の<u>呵責</u>に苦しむ
8．相手に安易に<u>迎合</u>しない
9．<u>凡例</u>の多い辞書を活用する
10．新たな一歩を踏み出すことに<u>躊躇</u>する

設問2　次の文中の「　」の中の□に入る正しい漢字を解答欄に記入しなさい。（5点）

1．「□穏無事」とは，特に変わったこともなく穏やかな状態のこと
2．「公明正□」とは，公平・公正に物事を行うこと
3．「群□割拠」とは，複数の実力者たちが対抗して競い合うこと
4．「優□不断」とは，決断すべきときにぐずぐずしていてなかなか決められないこと
5．「試行錯□」とは何度も失敗を重ねながら，解決策を見つけ出していくこと

設問3　次の文中で，下線部のカタカナの部分を日本語におきかえた場合の適切な言葉を解答欄に記
入しなさい。（5点）

1．企業と学校との<u>コラボレーション</u>は，新たな市場を生み出す可能性がある。

2．ITによる<u>ソリューション</u>は，社会から一層の期待が高まっている。

3．商談では<u>イニシアチブ</u>を取ることが重要である。

4．円安の影響による貿易収支の<u>ダメージ</u>が大きい。

5．市場調査ではさまざまな<u>サンプリング</u>を行っている。

1

設問4 次の文章の ▢ の中にあてはまる適切な言葉を解答欄に記入しなさい。（5点）

1．人事異動などによって社員の担当業務を計画的に交替させることで，多様な業務を経験させて育成を図る社員教育の手法をカタカナで ▢ という。

2．企業において，不採算部門の縮小・撤退，成長分野への注力などによって，収益力の向上を実現し，成長性を維持する経営手法をカタカナで ▢ という。

3．日本の中央省庁の中で，観光庁や海上保安庁を外局として管轄するのは ▢ 省である。

4．特定の輸入品が急激に増えることによって，国内の生産者が被害を受けないよう保護する目的で輸入関税率を上げたり，輸入量に制限を設けたりする手段のことをカタカナで ▢ という。

5．オリンピックに参加する各種国際スポーツ団体を統括するとともに，オリンピックを主催する団体をアルファベットで ▢ という。

設問5 次の文章の ▢ の中にあてはまる適切な言葉を語群の中から選んで，記号を解答欄に記入しなさい。（重複不可）（5点）

　日本でも，仕事と生活の調和のとれた ▢1 の推進に取り組み，全社員が働きやすい環境を目指す企業が増えてきている。実際に，一人ひとりの価値観にあった選択を可能にするために，さまざまな制度やプログラムを導入している。価値観や ▢2 に応じた選択を可能にすることは，社員が能力を十分に発揮し，生産性を向上させ，会社や社会への ▢3 に結びついている。
　今後も，出産後の ▢4 制度の充実，子育て期間中の ▢5 に限定しない時短勤務制度の活用，ボランティア活動や自己啓発のための時間を確保することへの支援など，取り組みをより一層強めていく必要性が，企業にも社会にも求められている。

語　群	ア	ワーク・ライフ・バランス	イ	ダイバーシティ	ウ	ライフスタイル
	エ	女性	オ	復職	カ	貢献

2

第2問 【コミュニケーション】

設問1　次の文は相手が納得する説明の仕方について述べたものである。□□□の中にあてはまる適切な言葉を語群の中から選んで，記号を解答欄に記入しなさい。（5点）

1．話す内容を□□□してから説明する。

2．□□□言葉で，文章はできるだけ短く区切る。

3．カタカナ用語・□□□・外国語などは相手に合わせて使う。

4．□□□の反応を確認しながら説明を進める。

5．ポイントをおさえ，□□□なことや複雑なことは繰り返し説明する。

語　群	ア	専門用語	イ	予告	ウ	重要
	エ	分かりやすい	オ	話し手	カ	聞き手

設問2　次はビジネス文書について述べたものである。あてはまる文書名を解答欄に記入しなさい。（5点）

1．不明な点を問い合わせて的確な回答を得るための文書

2．案件を関係者に回して，その承認や決裁を求める文書

3．会議の全容・結論・経過・検討した事項などを記録した文書

4．取引するにあたってお互いが了承した取引条件を明記した文書

5．会議の開催・新商品の説明会など会合や行事への参加を促す文書

設問3　次の文の□の部分を（　）内の意味になるように，ビジネス文書で使われている適切な表現に書き改め解答欄に記入しなさい。（10点）

1．何とぞご□□くださいますようにお願いいたします。（面会して）

2．□□ながら，社業の発展に尽力いたす所存でございます。（力不足）

3．寒さ厳しき折，ご□□のほど，お祈り申し上げます。（お身体を大切に）

4．心ばかりのお礼の品です。ご□□ください。（受け取って）

5．ご要望にお応えできますように，□□を期す所存でございます。（手落ちのないこと）

6．お送りいただいた書類は確かに□□しました。（受け取った）

7．まずは，□□ながら，書中をもってご挨拶申し上げます。（簡略）

8．なお，□□ではございますが，貴社のご発展を祈念いたしております。（手紙の最後）

9．平素は格別のご□□を賜り，お礼申し上げます。（相手の親切）

10．商品の説明書をお送りしましたので，ご□□ください。（確認して受け取って）

3

設問4 次のような状況において，社会人としての適切な言葉遣いを解答欄に書きなさい。（10点）

1．取引先の常務の告別式に参列する際に，受付でお悔やみを伝えるとき。

2．取引先の人からの電話に「伝言はきちんと聞いた。上司（大塚課長）に伝える。私は品川と言う」と応えるとき。

3．部内会議の時間になったが，まだ自席にいる課長に，会議の時間になったことを伝えるとき。

4．上司に「忙しいときにすまない。来週の会議のことは知っているか」と聞くとき。

5．取引先の課長に「迷惑をかけたことに詫びを言う。これからはこんなことがないように気を付ける。本当に申し訳ない」と詫びるとき。

第3問 【ビジネスマナー】

設問1　次の文章は，ファイリングのポイントについて述べたものである。　□　の中にあてはまる適切な言葉を語群の中から選んで，記号を解答欄に記入しなさい。（重複不可）（5点）

1．文書は紛失リスクや情報漏洩のリスクを減らすため，「課」「部」単位で　□　管理する。
2．課や部，個人で重複した文書，データ化した文書，保存期間が過ぎた文書，今後使う予定がない文書などは　□　する。
3．タイトルは，ひと目見ただけで内容が分かるように　□　に付ける。
4．ファイルのラベルは場所を　□　する。
5．フォルダーのラベルは　□　すると識別しやすい。

語 群	ア	統一	イ	処分	ウ	部分
	エ	具体的	オ	一括	カ	色分け

設問2　新規の取引先を訪問することになった。事前準備や当日までに行うことを三つ解答欄に書きなさい。（6点）

設問3　社内会議の案内を課員に電子メールで送ることになった。記載する項目を四つ解答欄に書きなさい。（8点）

例）会議の名称

設問4　香典を郵送する際の留意点を二つ解答欄に書きなさい。（6点）

設問5　次の状況にふさわしい祝儀袋や熨斗紙の上書きを解答欄に記入しなさい。（5点）

1．結婚（「御祝」「結婚祝」以外）
2．手土産
3．歳暮の時期を過ぎたときの贈り物
4．目下の人への謝礼
5．寄付金や賞金

設問6　全経商事の営業課員である大塚は，取引先である目黒氏から大久保課長あての電話を受けた。大久保課長は不在であることを伝えると，以下の伝言を依頼された。大久保課長への伝言メモを作成し解答欄に記入しなさい。（10点）

> 先週注文した商品Aだが今日届いた。「これまでのものとパッケージが違うように感じるが何か変わったのか教えて欲しい」

6

主催　公益社団法人　全国経理教育協会　　後援　文部科学省

第54回社会人常識マナー検定試験　解答用紙

1 級

試 験 会 場	学校コード
氏　　名	受 験 番 号

合 計 得 点

第１問　【社会常識】

設問1	1		2		3		4		5	
	6		7		8		9		10	

設問2	1	2	3	4	5

設問3	1	2	3	4	5

設問4	1	2	3	4	5

設問5	1	2	3	4	5

第１問

第2問 【コミュニケーション】

設問1	1	2	3	4	5

設問2	1	2	3	4	5

設問3	1	2	3	4	5
	6	7	8	9	10

設問4		
	1	
	2	
	3	
	4	
	5	

第2問

95

第3問　【ビジネスマナー】

設問1	1	2	3	4	5

設問2	

設問3	

設問4	

設問5	1	2	3
	4	5	

設問6	

第3問

社会人常識マナー検定試験

標 準 解 答・解 説

公益社団法人　全国経理教育協会

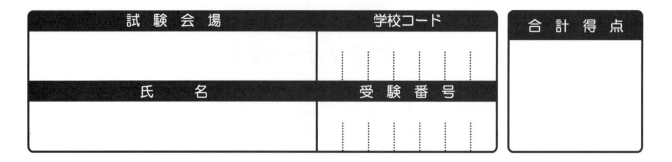

主催　公益社団法人　全国経理教育協会　　後援　文部科学省

第38回社会人常識マナー検定試験　標準解答
1　級

試　験　会　場		学校コード		合　計　得　点
氏　名		受　験　番　号		

第1問　【社会常識】

設問1	1	会釈	2	去就	3	逐次	4	快方	5	偏見
	6	ヒジュン	7	ゲイゴウ	8	テイサイ	9	ベンギ	10	チュウチョ

設問2	1	2	3	4	5
	柔	尽	錯	画	髪

設問3	1	2	3	4	5
	人的資源	販売促進	損害打撃	目安指針	主導権

設問4	1	2	3	4	5
	EU	セーフガード	コンプライアンス	IR	働き方

設問5	1	2	3	4	5
	カ	イ	オ	ア	エ

第1問

第2問 【コミュニケーション】

設問1	1	2	3	4	5
	不安	タイミング	繰り返し 粘り強く	先手	態度

設問2	1.　内容を十分に理解してから説明する。 2.　内容を予告してから説明する。 3.　専門用語・カタカナ語・外国語などは，相手に合わせて使う。 4.　聞き手の反応を確認しながら説明する。 5.　図表や写真などを用いて具体的に説明する。 他，重要なことや複雑なことは繰り返し説明する，など。

設問3	1	2	3	4	5
	拝啓	盛夏 酷暑	健勝 清祥	平素	さて
	6	7	8	9	10
	感謝	笑納	鋭意	略儀	書中

設問4		
	1	恐れ入りますが，本日は面談のお約束を承っておりますでしょうか。
	2	ただ今，課長の大塚は仕事が立て込んでおりまして，お会いいたしかねます。
	3	お忙しいところ申し訳ございません。来週の会議の件は，ご存じでいらっしゃいますか。
	4	お分かりになりにくい点はございませんでしたでしょうか。
	5	お休みのところ，ご自宅にまでお電話いたしまして，申し訳ございません。

第2問

第3問　【ビジネスマナー】

<table>
<tr><td rowspan="2">設問1</td><td>1</td><td>2</td><td>3</td><td>4</td><td>5</td></tr>
<tr><td>信頼
信用</td><td>更新
修正</td><td>敏感</td><td>活用</td><td>電子</td></tr>
</table>

設問2	1．お歳暮 2．栄転祝い 3．退職祝い 他，災害見舞い，お祝い行事の記念品や引き出物，世話をしたときの礼，など。

設問3	1．常務には，部長は取引先と面談中であることを伝え，詫びる。 2．自分が分かる内容であれば答えておき，部長が面談から戻り次第，常務の電話の件を報告する。 3．部長でないと分からない内容であれば，面談中の部長にメモで知らせ，指示を仰ぎ常務に伝える。

<table>
<tr><td rowspan="4">設問4</td><td>1</td><td>2</td><td>3</td></tr>
<tr><td>普通郵便</td><td>ゆうメール</td><td>現金書留</td></tr>
<tr><td>4</td><td>5</td><td></td></tr>
<tr><td>料金別納郵便</td><td>簡易書留</td><td></td></tr>
</table>

設問5	1．会議名などの案内表示 2．受付の設置 3．会場レイアウトの設営 4．プロジェクターやマイクなど使用する機器 他，ホワイトボードやペンなどの備品，茶菓や昼食，など。

<table>
<tr><td rowspan="3">設問6</td><td>1</td><td>A</td><td>蝶結び</td><td>B</td><td>結び切り</td></tr>
<tr><td>2</td><td>A</td><td>落成御祝
開店御祝</td><td>B</td><td>寿</td></tr>
<tr><td>3</td><td colspan="2">D</td><td colspan="2"></td></tr>
</table>

第3問

第1問【社会常識】

設問1

解答	1．会釈　　　　2．去就　　　　3．逐次　　　　4．快方　　　　5．偏見
	6．ヒジュン　　7．ゲイゴウ　　8．テイサイ　　9．ベンギ　　10．チュウチョ
解説	2．「去就（キョシュウ）」は，進退，去ることと留まることを意味します。 4．「快方（カイホウ）」は，病気やけがなどの状態がよくなっていくことを意味します。また，同音異義語に注意しましょう。（開放，解放，介抱など） 6．「批准（ヒジュン）」は，署名された条約に対して，国として正式に同意することを意味します。 7．「迎合（ゲイゴウ）」は，自分の考えを曲げてでも，他人の気に入るように調子を合わせることを意味します。 9．「便宜（ベンギ）」は，都合のよいことを意味します。

設問2

解答	1．柔　　2．尽　　3．錯　　4．画　　5．髪
解説	四字熟語は，意味を正しく理解して，コミュニケーションを円滑かつ的確にとれるようになりましょう。今回の問題の他にも頻繁に使われるものをいくつか紹介します。 「適材適所」・・・人材の能力に応じて，最も適した地位や職務に配置すること 「日進月歩」・・・物事が日々進歩すること 「半信半疑」・・・信じる気持ちと疑う気持ちが半々で，迷っていること 「表裏一体」・・・二つのものが，切り離せないほど密接なこと 「平穏無事」・・・特に変わったこともなく，穏やかな様子のこと

設問3

解答	1．人的資源　　2．販売促進　　3．損害／損失　　4．目安／指針　　5．主導権
解説	カタカナ用語はビジネスの場面でも多用されます。マンパワーやガイドラインなどは，日本語よりもむしろ頻繁に使われています。カタカナ用語をコミュニケーションの中で的確に使用することができるよう，言葉の意味を正しく理解して覚えておきましょう。今回の問題の他にも，トライアル（試験／試み），マーケットシェア（市場占有率），マイノリティー（少数派）などのカタカナ用語や，設問4のEU（欧州連合），AIIB（アジアインフラ投資銀行），OECD（経済協力開発機構）など団体・機関などの欧文略語も日常的に使用されます。

設問4

解答	1．EU　　2．セーフガード　　3．コンプライアンス　　4．IR　　5．働き方
解説	4．近年では，IR（Investor Relations）は株主や投資家に対するだけでなく，顧客や地域社会に対して伝えることもねらいの一つとなっています。これとは別に，カジノやホテル，ショッピングモールなどが集まった複合的な施設もIR（Integrated Resort：統合型リゾート）と呼ばれています。 5．働き方改革は，働く人の置かれた個々の事情に応じ，多様な働き方を選択できる社会を実現し，一人ひとりがよりよい将来の展望を持てるようになることを目指しています。

設問5

解答	1．カ（社会的責任）　　2．イ（不祥事）　　3．オ（リスクマネジメント）
	4．ア（多様化）　　　5．エ（説明責任）
解説	企業を取り巻くリスクの要因には，人災や天災の他にも，市場や国の情勢，為替などのさまざまな外的要因があります。これらは，損失だけでなく利益を生み出すこともあり投機リスクと呼ばれています。企業は，市場調査や在庫管理などによって投機リスクをコントロールすることで，リスクを回避し，収益の確保に努めてもいます。

第2問【コミュニケーション】

設問1

解答	1．不安　　2．タイミング　　3．繰り返し／粘り強く　　4．先手　　5．態度
解説	説得とは，無理に押し付けることでなく，相手に納得してもらうことです。相手の用件・感情を理解して，言葉としぐさからその人の心を読み取り，自分の考えや思いを伝えるようにします。相手とのよい関係を築くことでよい方向へ向かうこともあります。根拠となるデータ（メリットやデメリット）を示して相手が判断しやすいようにすることも効果的です。

設問2

解答	1．内容を十分に理解してから説明する。
	2．内容を予告してから説明する。
	3．専門用語・カタカナ語・外国語などは，相手に合わせて使う。
	4．聞き手の反応を確認しながら説明する。
	5．図表や写真などを用いて具体的に説明する。
	他，重要なことや複雑なことは繰り返し説明する，など。
解説	説明はこちらが伝えたいことだけを話すのではなく，相手が理解してくれるためにはどうしたらよいかを考えて，伝え方を工夫する必要があります。長い説明や複雑な説明をするときは，途中で相手が理解しているかを確認しながら説明します。

設問3

解答	1．拝啓　　2．盛夏／酷暑　　3．健勝／清祥　　4．平素　　5．さて
	6．感謝　　7．笑納　　　8．鋭意　　　9．略儀　　10．書中
解説	お中元をいただいた相手には，できるだけ早く礼状を出すようにします。
	1．一般的に挨拶状は頭語「拝啓」で始まり，結語「敬具」で終わります。
	2．お中元は7月初めから15日くらいまでに送るため，時候の挨拶は「盛夏・酷暑」です。
	3．会社あては「ご隆盛・ご発展・ご繁栄」を用い，個人あては「ご健勝・ご清栄・ご活躍」を用います。

設問4

解答	1．恐れ入りますが，本日は面談のお約束を承っておりますでしょうか。
	2．ただ今，課長の大塚は仕事が立て込んでおりまして，お会いいたしかねます。
	3．お忙しいところ申し訳ございません。来週の会議の件は，ご存じでいらっしゃいますか。
	4．お分かりになりにくい点はございませんでしたでしょうか。
	5．お休みのところ，ご自宅にまでお電話いたしまして，申し訳ございません。
解説	1．クッション言葉は「失礼でございますが」「失礼ですが」も適当です。
	2．忙しいとは言わずに「仕事が立て込んでおります」と言います。
	4．上司や取引先に対して「質問はございませんか」と聞くことは失礼になります。自分の説明が不十分かもしれないという謙虚な気持ちで尋ねましょう。

第3問【ビジネスマナー】

設問1

解答	1．信頼／信用　　2．更新／修正　　3．敏感　　4．活用　　5．電子
解説	情報を収集する際には次のことが重要になります。
	① 信頼できる情報を収集する
	情報はインターネットを使えば簡単に得ることができます。しかし，すべてが信頼できる情報とは限りません。間違った情報に惑わされないよう，信頼できる情報源を組み合わせて使い，正しい情報を収集しましょう。
	② 情報に敏感になる
	普段から仕事に関連する情報をすぐに収集できるよう，業界紙を購読したり，チェックしたりとアンテナを張っておきましょう。
	③ 情報を整理する
	メールであれば，フォルダーを分けて保存，電子データであれば後で検索しやすいようにファイル名を分かりやすい名前にして保存，紙の書類であればそのままファイリングして保管するか，スキャナーで読み取り電子化するなどします。

設問2

解答	1．御歳暮　　2．栄転祝い　　3．退職祝い
	他，災害見舞い，お祝行事の記念品や引き出物，世話をしたときの礼，など。
解説	・お中元やお歳暮はお世話になった人へ贈るものです。品物が届いたらお礼状を出します。
	・栄転祝いは，新任地での近況を報告しながらお礼状を送ります。必須ではありませんが，名産品などを贈るのもよいでしょう。
	・退職祝いは，近況報告を兼ねたお礼状を送ります。感謝の気持ちを込めてハンカチや菓子などを贈ってもよいでしょう。
	・災害見舞いは，状況が落ち着いたら近況報告を兼ねたお礼状を送ります。

設問3

解答	1．常務には，部長は取引先と面談中であることを伝え，詫びる。
	2．自分が分かる内容であれば応えておき，部長が面談から戻り次第，常務の電話の件を報告する。
	3．部長でないと分からない内容であれば，面談中の部長にメモで知らせ，指示を仰ぎ常務に伝える。
解説	取り次ぐ相手が面談中の場合，不在の理由を伝え，詫びます。通常であれば，伝言メモを作成し，上司が戻り次第，報告することになります。しかし，今回は急ぎ確認したいことがある，と常務が言っているので，自分が分かる内容であれば，対応し，部長が面談から戻り次第，常務の電話の件を報告します。部長でないと分からない内容であれば，面談中の部長にメモで知らせ，指示を仰ぎ，常務に伝えます。

設問4

| 解答 | 1．普通郵便　　2．ゆうメール　　3．現金書留　　4．料金別納郵便　　5．簡易書留 |
| 解説 | 　文書類を郵送する際は，その文書の内容と目的を正確に確認した上で，それに見合った取り扱いをすることが求められます。 |

設問5

解答	1．会議名などの案内表示
	2．受付の設置
	3．会場レイアウトの設営
	4．プロジェクターやマイクなど使用する機器
	他，ホワイトボードやペンなどの備品，茶菓や昼食，など。
解説	社外の人を招いてホテルで行う会議では，参加者が迷わないよう，会場玄関に会議名や案内を表示します。受付は会場近くに設置し，出欠を確認します。レイアウトは人数や会場に合わせて設営します。会議に使用する機器などは事前に確認しておきます。

設問6

解答	1．A　蝶結び　　B　結び切り
	2．A　落成御祝／開店御祝　　　B　寿
	3．D
解説	蝶結びは，何度でも結び直せることから「新築」「開業」「出産」など，何度繰り返されてもよいお祝い事に使います。結び切りは，一度結んだらほどけないことを意味し，「結婚」のような一度きりにしたいお祝い事や不幸を繰り返さない願いを込めて弔事などで使います。
	祝儀袋は下からの折り返しが外側に，不祝儀袋は上からの折り返しが外側になるようにします。

第40回社会人常識マナー検定試験　標準解答
1　級

試　験　会　場		学校コード	合　計　得　点
氏　　　名		受　験　番　号	

第1問　【社会常識】

設問1	1 甚大	2 迅速	3 控除	4 払拭	5 捺印
	6 フイチョウ	7 ギンミ	8 シンシ	9 ザンシン	10 ゼイジャク

設問2	1	2	3	4	5
	念	黙	消	専	葉

設問3	1	2	3	4	5
	費用対効果	無作為 任意	申し込み 申し出	調整	応答 反応

設問4	1	2	3	4	5
	IOC	ステークホルダー	リスクマネジメント	文部科学	プライマリーバランス

設問5	1	2	3	4	5
	イ	オ	カ	ア	ウ

第1問

第2問　【コミュニケーション】

設問1	1	2	3	4	5
	最後	期待	納得	理由	代案

設問2
1．距離に関係なく瞬時に送信することができる。 2．同時に複数の相手に送信することができる。 3．文書，写真などデータファイルを添付して送信することができる。 4．記録として残すことができる。 5．緊急の用件には不向きである。 他，いつでも送信することができる，など。

設問3	1	2	3	4	5
	万全	平素	初秋 秋涼	かたがた	粗品
	6	7	8	9	10
	拝聴	高名	臨席	書中	休心

設問4		
	1	恐れ入りますが，少々お電話が遠いようですので，もう一度おっしゃっていただけませんでしょうか。
	2	失礼ですが，お名前はどのようにお読みすればよろしいでしょうか。
	3	至急ご報告したいことがございます。ただ今お時間よろしいでしょうか。
	4	お手数をおかけいたしますが，日を改めてお越し願えませんでしょうか。
	5	恐れ入りますが，私どもには鈴木が二人おります。課長の鈴木でしょうか，課員の鈴木でしょうか。

第2問

第3問 【ビジネスマナー】

設問1	1	2	3	4	5
	ア	オ	ウ	エ	イ

設問2

1．料理は食べきれる分だけ取り，山盛りにしない。
2．奥の椅子には座らず，基本的には，立って食べる。
3．多くの人と会話や交流を楽しむ。
他，会場入口や控え室でウェルカムドリンクを出されたら飲んでも構わない，など。

設問3

1．何部コピーするか。
2．Ｂ５サイズはＡ４サイズにそろえるか。
3．留め方はどうするか。
他，いつまでにコピーするか，など。

設問4

1	2	3
週刊	隔月刊	リーフレット

4	5	
官報	白書	

設問5

1	案内者は来客の二，三歩斜め前を歩くようにし，相手の歩調に合せて案内する。来客には中央を歩いてもらう。
2	案内者は壁側を歩き，来客には手すり側を歩いてもらう。来客を見下ろすことは避け，先に歩いてもらう。
3	案内者は，ノックをしてからドアを開けて先に入室し，来客を招き入れる。

設問6

1	A	仏式	B	神式
2	A	焼香	B	玉串奉奠 （たまぐしほうてん）
3		B		

第1問【社会常識】

設問1

解答	1．甚大　　　　　2．迅速　　　　　3．控除　　　　　4．払拭　　　　　5．捺印
	6．フイチョウ　　7．ギンミ　　　　8．シンシ　　　　9．ザンシン　　　10．ゼイジャク
解説	3．「控除（コウジョ）」は，金銭や数量などを差し引くことという意味です。「所得控除」や「税額控除」などという使い方をします。
	4．「払拭（フッショク）」は，払いぬぐい去ることやすっかり取り除くことという意味です。その他に，「逐次（チクジ）」，「便宜（ベンギ）」，「漏洩（ロウエイ）」なども読み間違えやすい言葉です。

設問2

解答	1．念　　2．黙　　3．消　　4．専　　5．葉
解説	四字熟語は，コミュニケーションの中で日常的に多用されます。意思疎通を十分に図るためのキーワードとして正しく意味を理解し，的確に使用できることが大切です。今回の問題の他にも頻繁に見聞きするものをいくつか紹介しましょう。
	「支離滅裂」・・・理論がまとまっておらず，筋道が立っていないこと
	「率先垂範」・・・人の先に立って，模範となる行動をすること
	「大器晩成」・・・大成するには，時間がかかること
	「単刀直入」・・・前置きがなく，いきなり本題に入ること
	「本末転倒」・・・大切な根幹と，そうではないことの優先順位を取り違えること

設問3

解答	1．費用対効果　　　2．無作為／任意　　　3．申し込み・申し出　　　4．調整
	5．応答／反応
解説	ビジネスの場面でカタカナ用語は多用されます。コミュニケーションの中で的確に使用することができるよう言葉の意味を正しく認識しておきましょう。今回の問題の他にもクリエイティブ（創造的），コミッション（委託／委託料），サゼスチョン（示唆），ジェンダー（性差），シナジー（相乗効果）などもよく使用されるカタカナ用語です。

設問4

解答	1．ＩＯＣ　　　2．ステークホルダー　　　3．リスクマネジメント
	4．文部科学　　　5．プライマリーバランス
解説	1．ＩＯＣ（International Olympic Committee）は，東京2020オリンピックの開催前からよく見聞きした欧文略語です。ビジネスの場では，欧文略語もよく使用されます。 3．大企業では，リスク管理を担当する専門部署や総務部門等が兼務するなど，組織的にリスク管理を行っています。一方，中小企業では未だ管理体制が十分に整っているとはいえないのが現状です。 5．近年の日本では，プライマリーバランスはマイナスの状態が続いています。日本政府は，2025年度に黒字化を目標に掲げ財政再建に取り組んでいますが，現時点では実現困難な状況となっています。

設問5

解答	1．イ（成果）　　　2．オ（貢献）　　　3．カ（分業）　　　4．ア（責任）
	5．ウ（集合体）
解説	組織では，常に上位目標の達成のために，成果をあげていかなければなりません。一人ひとりが成果をあげるべき目標を設定し，自身の業務マネジメントを実践していくことが求められています。そのためにも，効果的な目標設定が必要となりますので，目標設定要件などもしっかりと理解しておきましょう。

第2問【コミュニケーション】

設問1

解答	1．最後　　2．期待　　3．納得　　4．理由　　5．代案
解説	相手からの依頼をすべて受け入れることは難しい場合があります。断ることは相手の期待を裏切ることになるため，その後のビジネスに悪影響を及ぼさないように上手な断り方が求められます。「申し訳ございませんが，いたしかねます」「残念でございますが，お引き受けいたしかねます。ご了承ください」などと詫びの気持ちを述べます。

設問2

解答	1．距離に関係なく瞬時に送信することができる。 2．同時に複数の相手に送信することができる。 3．文書，写真などデータファイルを添付して送信することができる。 4．記録として残すことができる。 5．緊急の用件には不向きである。 他，いつでも送信することができる，など。
解説	ビジネスの連絡方法として電子メールは欠かせないものとなっています。ビジネス文書と比較すると，メールの内容はより簡略化されています。メールは便利ですが，相手がすぐに読むとは限らないため，緊急の用件には不向きです。

設問3

解答	1．万全　　2．平素　　3．初秋／秋涼　　4．かたがた　　5．粗品
	6．拝聴　　7．高名　　8．臨席　　　　　9．書中　　　10．休心
解説	解答以外にも次の慣用表現を覚えておきましょう。
	どうか面会してください　⇒　ご引見のほど，よろしくお願いいたします
	確認してお納めください（書類）　⇒　ご査収ください
	差し障りがあるかもしれないが，何とか都合をつけて，出席していただけると有り難いです
	⇒　万障お繰り合わせの上，ご臨席いただければ幸いに存じます
	どうぞ，心配しないでください　⇒　何とぞ，ご放念ください
	季節柄，健康に注意してください　⇒　時節柄，ご自愛のほどお祈り申し上げます

設問4

解答	1．恐れ入りますが，少々お電話が遠いようですので，もう一度おっしゃっていただけませんでしょうか。
	2．失礼ですが，お名前はどのようにお読みすればよろしいでしょうか。
	3．至急ご報告したいことがございます。ただ今お時間よろしいでしょうか。
	4．お手数をおかけいたしますが，日を改めてお越し願えませんでしょうか。
	5．恐れ入りますが，私どもには鈴木が二人おります。課長の鈴木でしょうか，課員の鈴木でしょうか。
解説	1．相手の声が小さいと相手を責めるのではなく，「お電話が遠いようです」と言います。相手が再度言ってくれたら「ありがとうございます」「恐れ入ります」と言うようにします。
	2．名刺交換で相手の名刺を受け取り，名前の読み方が分からない場合は，失礼にはあたりませんので，相手に読み方を確認するようにします。
	3．相手の都合を確認してから報告をするようにします。
	4．相手に依頼をする際や相手からの要望に応えられない際には，クッション言葉を冒頭に添えることで，相手に及ぶ心理的な衝撃を和らげます。
	5．同じ苗字の人が複数いる場合は，役職や性別などを確認するようにします。

第3問【ビジネスマナー】

設問1

解答	1．ア（事実）　　2．オ（価値）　　3．ウ（自分）　　4．エ（必要な人）
	5．イ（取り扱い）
解説	情報を取り扱う際は，適切な情報管理が必要です。情報漏洩は企業の信用を失い，競争力の喪失に加えて，賠償問題にまで発展する場合があるため，ダメージは計り知れません。大切な情報を守りつつ活用するには，そのための知識と対策が必要となります。

設問2

解答	1．料理は食べきれる分だけ取り，山盛りにしない。
	2．奥の椅子には座らず，基本的には，立って食べる。
	3．多くの人と会話や交流を楽しむ。
	他，会場入口や控え室でウェルカムドリンクを出されたら飲んでも構わない，など。
解説	取引先主催の立食パーティーでは，仕事に関わる多くの方が出席します。
	立食パーティーの目的は食事ではなく，多くの方との交流です。会社の代表となる振る舞いを意識します。

設問3

解答	1．何部コピーするか。
	2．Ｂ５サイズはＡ４サイズにそろえるか。
	3．留め方はどうするか。
	他，いつまでにコピーするか，など。
解説	上司から指示を受ける際は，５Ｗ２Ｈ（When・Where・Who・What・Why・How・How many）を使って確認するとよいでしょう。必要な情報が整理され漏れがなくなります。
	When（いつ）・・・いつまでにコピーするか。
	How（どのように）・・・Ｂ５サイズは，Ａ４サイズにそろえるか。留め方はどうするか。
	How many（いくつ）・・・何部コピーするか。

設問4

解答	1．週刊　　2．隔月刊　　3．リーフレット　　4．官報　　5．白書
解説	新聞・雑誌・カタログは仕事を進める上での大切な情報源となります。有効に活用しましょう。

設問5

解答	1．案内者は来客の二，三歩斜め前を歩くようにし，相手の歩調に合わせて案内する。来客には中央を歩いてもらう。
	2．案内者は壁側を歩き，来客には手すり側を歩いてもらう。来客を見下ろすことは避け，先に歩いてもらう。
	3．案内者は，ノックをしてからドアを開けて先に入室し，来客を招き入れる。
解説	来客にとって訪問先は慣れない場所です。相手の気持ちになって歩調やペースなどに配慮しながら案内します。
	・階段では，来客には危険回避のため手すり側を勧め，案内者は壁側を歩きます。
	・内開きのドアの場合，案内者が先に入室し，来客を招き入れます。外開きのドアの場合，来客が先に，案内者が後から入室します。

設問6

解答	1．A　仏式　　B　神式 2．焼香　　B　玉串奉奠 （たまぐしほうてん） 3．B
解説	宗教によって礼拝の仕方が異なりますので注意が必要です。 ・仏式では，抹香を香炉にくべる，線香をあげる，などを行います。（焼香） ・神式では，玉串を捧げます。（玉串奉奠） （たまぐしほうてん） ・キリスト教式では，花を捧げます。（献花）

第40回1級－解答・解説5

112

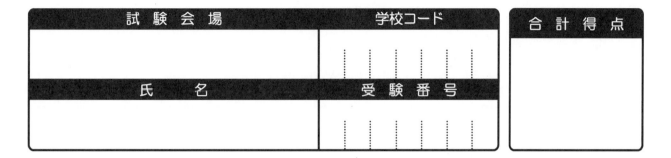

主催　公益社団法人　全国経理教育協会　　後援　文部科学省

第42回社会人常識マナー検定試験　標準解答
1 級

試　験　会　場		学校コード
氏　　　名		受　験　番　号

合　計　得　点

第1問　【社会常識】

設問1	1	是正	2	累計	3	渋滞	4	刷新	5	過酷
	6	ホゴ	7	コウテツ	8	ホッタン	9	ズサン	10	アイマイ

設問2	1	2	3	4	5
	機	定	雷	起	慨

設問3	1	2	3	4	5
	柔軟	潜在能力 可能性	分析家	成果 出力	積極的 肯定的

設問4	1	2	3	4	5
	CSR	ワーク・ライフ・バランス	PDCA	G7	総務

設問5	1	2	3	4	5
	オ	イ	エ	カ	ア

第1問

113

第2問　【コミュニケーション】

設問1	1．話す内容を予告する。 2．分かりやすい言葉で，文章は短く区切る。 3．実物や図表，写真などを活用する。 他，重要なことは，繰り返し説明する，など。

設問2	1	2	3	4
	弊社 当社	私見 愚見	佳品 結構なお品	ご母堂様 お母様

設問3	1	2	3	4	5
	新緑 薫風	格別	引見	微力	機
	6	7	8	9	10
	査収	小宴	万障	略儀	自愛

設問4		
	1	よろしければ，私がご伝言を承りますが，いかがでしょうか。
	2	担当の者に確認いたしまして，後ほど改めてご連絡を差し上げるということでよろしいでしょうか。
	3	お差し支えなければ，明日の打ち合わせを延期していただけませんでしょうか。
	4	何かお分かりになりにくい点は，ございませんでしょうか。 何かご不明な点はございませんでしょうか。
	5	申し訳ございません。大塚から連絡がありまして，急用ができ20分ほど出社が遅れるとのことでございます。お約束しておりましたのに申し訳ございません。恐れ入りますが応接室にてお待ち願えますでしょうか。

第2問

114

第3問 【ビジネスマナー】

設問1

	1	2	3	4	5
設問1	後ろ 後方	隣り 横	遠い	窓	通路

設問2

1．不要な書類は処分する。
2．ファイルのラベルは表示する位置を統一する。
3．書類のサイズは統一する。

他，ファイルのラベルは色分けする，など。

設問3

1．会社の情報や機器を許可なく持ち出さない。
2．多数の目に触れる場所では，書類，機器，外部記憶媒体を放置しない。
3．機密情報を送る際は，暗号化しパスワードをつける。

他，機密情報の書類を廃棄する際はシュレッダーで細断する。

設問4

1	2	3
逝去	訃報	喪主

4	5	
享年	遺族	

設問5

1	名指し人が休みであることを伝え，相手が急いでいるようなら，相手の要望に合せて対応する。
2	会社名・氏名を名乗り，用件を簡潔に伝える。
3	内容について分かる場合は，自分で対応する。調べて分かる内容の場合は，折り返す旨とおおよその時間を伝える。

設問6

1	2	3

第1問【社会常識】

設問1

解答	1．是正　　2．累計　　　3．渋滞　　4．刷新　　5．過酷
	6．ホゴ　　7．コウテツ　　8．ホッタン　　9．ズサン　　10．アイマイ
解説	1．「是正（ゼセイ）」は，悪い点や間違っている箇所を改めることを意味します。読み方も問われやすい言葉です。
	4．「刷新（サッシン）」は，弊害などを除き去って，全く新しいものにすることを意味します。
	7．「更迭（コウテツ）」は，改めかえることを意味する言葉で，政府や企業で重要な役職についている人をその役職から降ろして，新任者をその職につけるときなどによく用います。

設問2

解答	1．機　　2．定　　3．雷　　4．起　　5．慨
解説	四字熟語は，コミュニケーションをとる上で日常的に使用されます。正しく意味を理解し，的確に使用できることが大切です。今回の問題の他にも頻繁に見聞きするものをいくつか紹介しましょう。
	「一念発起」・・・今までの考え方や行動を改めて，目標を成し遂げようとすること
	「温故知新」・・・古い過去のことからもよく学び，新しい考えや価値観を見出すこと
	「急転直下」・・・事態や情勢が急に変化して，解決に向かうこと
	「順風満帆」・・・物事がすべて順調に進んで，はかどっていること
	「新陳代謝」・・・必要なものを取り入れ，不要なものは出すこと

設問3

解答	1．柔軟　　2．潜在能力／可能性　　3．分析家　　4．成果／出力
	5．積極的／肯定的
解説	ビジネスの場面では，カタカナ用語も多用されます。コミュニケーションの中で的確に使用することができるよう，言葉の意味を正しく認識しておきましょう。今回の問題の他にもエキスパート（専門家），コメンテーター（解説者），シミュレーション（模擬実験），ソリューション（課題解決）など多くのカタカナ用語が頻繁に使用されます。

設問4

解答	1．ＣＳＲ　　2．ワーク・ライフ・バランス　　3．ＰＤＣＡ　　4．Ｇ7　　5．総務
解説	1．ＣＳＲ（Corporate Social Responsibility）は，企業がその活動を展開する上で関わるすべてのステークホルダー（利害関係者）に対して果たすべき責任であり，その責任を果たすことによって，企業は自らのブランドイメージや価値を向上させ，存続するにふさわしい存在として認められ，社会から受け入れられることになります。 2．ワーク・ライフ・バランスは，人々の価値観や生き方が多様化している現在，仕事と生活の両立を図るために働き方にも多様性を持たせることから非常に重要視されています。経営者と労働者双方の意識改革も必要です。 3．ＰＤＣＡは，目標達成に向けても活用されます。「Plan（計画）」「Do（実行）」「Check（検討・評価）」「Action（改善策）」の流れを繰り返すことによって，効率よく，確実に仕事を進めていくことができます。

設問5

解答	1．オ（事業再構築）　　2．イ（不採算部門）　　3．エ（ワークシェアリング） 4．カ（失業率）　　5．ア（キャリア形成）
解説	今日では，景気の低迷を含めた社会情勢の変化や価値観の多様化を背景に，さまざまな雇用形態が広がっています。ワークシェアリングもその一つで，雇用の創出やワーク・ライフ・バランスには貢献していますが，安定した生活のために働く労働者にとっては，勤務日数や労働時間が短縮されるため，収入の減少につながるという問題も生じます。労働者は，安定した生活を確保するためにも，自らが自身のキャリア形成にしっかり取り組んでいくことが必要不可欠です。

第2問【コミュニケーション】

設問1

解答	1．話す内容を予告する。 2．分かりやすい言葉で，文章は短く区切る。 3．実物や図表，写真などを活用する。 他，重要なことは，繰り返し説明する，など。
解説	話す内容は十分理解したうえで説明します。長い説明や複雑な内容のときは途中で相手が理解しているか確認するなどにも気をつけましょう。相手が理解するためにはどのようにしたらよいかを考えて，伝え方を工夫しましょう。

設問2

解答	1．弊社／当社　　2．私見／愚見　　3．佳品／結構なお品　　4．ご母堂様／お母様
解説	ビジネス文書で使われる自分側と相手側の呼び方は，次のとおりです。

	自分側	相手側
場所	当地・当所	貴地
意見	私見・愚見	ご意見・ご高見・ご高説
配慮	微意	ご配慮・ご高配・ご厚情
父	父親	ご尊父様・お父様・お父上様
息子	息子・愚息・せがれ	ご子息様・ご令息様
娘	娘	ご令嬢様・お嬢様・ご息女様
家族	私ども・家内一同	ご一同様・ご家族様

設問3

解答	1．新緑／薫風　　2．格別　　3．引見　　4．微力　　5．機 6．査収　　　　7．小宴　　8．万障　　9．略儀　　10．自愛
解説	解答以外にも次の慣用表現を覚えておきましょう。 急いでお知らせします　⇒　取り急ぎお知らせいたします つまらないものですが，笑って納めてください　⇒　ご笑納いただければ幸いに存じます よい品を頂いてありがとうございます　⇒　結構なお品をご恵贈賜りありがとうございます どうぞ，心配しないでください　⇒　何とぞ，ご放念ください 安心してください　⇒　ご休心ください

設問4

解答	1．よろしければ，私がご伝言を承りますが，いかがでしょうか。 2．担当の者に確認いたしまして，後ほど改めてご連絡を差し上げるということでよろしいでしょうか。 3．お差し支えなければ，明日の打ち合わせを延期していただけませんでしょうか。 4．何かお分かりになりにくい点は，ございませんでしょうか。 　　何かご不明な点はございませんでしょうか。 5．申し訳ございません。大塚から連絡がありまして，急用ができ20分ほど出社が遅れるとのことでございます。お約束しておりましたのに申し訳ございません。恐れ入りますが，応接室にてお待ち願えますでしょうか。
解説	1．3．5．クッション言葉を使うことで，相手に依頼をする際や相手からの要望に応えられないとき，相手に及ぶ心理的な衝撃を和らげます。 クッション言葉には，次のような言葉があります。 ①　相手に声をかけるとき「恐れ入りますが」「失礼ですが」 ②　相手の意向を尋ねるとき「お差し支えなければ」「よろしければ」 ③　相手に手間や面倒をかけるとき「お手数をおかけいたしますが」 ④　相手の誘いや依頼を断るとき「申し訳ございませんが」「せっかくですが」

第3問【ビジネスマナー】

設問1

解答	1．後ろ／後方　　2．隣り／横　　3．遠い　　4．窓　　5．通路
解説	上座とは，その場で一番心地よく安全に過ごせる場所のことです。一般的には目上の人やお客様が座る席です。応接室や乗り物でも席次という考え方があり，配慮することが求められます。席次の基本を理解し，その際の同伴者や状況に応じて対応します。

設問2

解答	1．不要な書類は処分する。 2．ファイルのラベルは表示する位置を統一する。 3．書類のサイズは統一する。 他，ファイルのラベルは色分けする，など。
解説	1日5分の書類探しも，毎日積み重ねると年間20時間にもなります。必要な書類を探してもなかなか見つからない原因は，ファイリングの方法にあります。 　　上記のポイントを理解し，書類やデータを的確に整理・分類できれば，時間を節約でき，仕事の効率も上がります。

設問3

解答	1．会社の情報や機器を許可なく持ち出さない。 2．多数の目に触れる場所では，書類，器機，外部記憶媒体を放置しない。 3．機密情報を送る際は，暗号化しパスワードを設定する。 他，機密情報の書類を廃棄する際はシュレッダーで細断する，など。
解説	企業や組織では，大量の情報を保管，蓄積しています。情報セキュリティー対策では，情報を管理し，情報漏洩を防止することが重要です。情報漏洩の原因は，誤操作，紛失・置き忘れ，不正アクセス，管理ミスなどが全体の7～8割を占めます。 　　不適切な取り扱いや不注意など人為的なミスが情報漏洩の大きな要因となっていることを認識し，普段の行動を見直すことから情報セキュリティー対策が始まります。

設問4

解答	1．逝去　　2．訃報　　3．喪主　　4．享年　　5．遺族
解説	弔事には，聞き慣れない言葉が多いため，言葉の意味を理解し，以下の用語も覚えましょう。 弔問・・・遺族を訪問してお悔やみを伝えること 弔辞・・・葬儀の際に述べるお悔やみの言葉 通夜・・・親近者が故人と一夜を過ごす儀式 供物・・・神仏に供えるもの 忌み言葉・・・不吉とされ使用を避ける言葉。「重ね重ね」「ますます」など

設問5

解答	1．名指し人が休みであることを伝え，相手が急いでいるようなら，相手の要望に合わせて対応する。 2．会社名や所属・氏名を名乗り，用件を簡潔に伝える。 3．内容について分かる場合は，自分で対応する。調べて分かる内容の場合は，折り返す旨とおおよその時間を伝える。
解説	電話応対の際は，状況に合わせた対応が求められます。電話は，音声のみを使ったコミュニケーション手段です。言葉遣い一つでその人の人柄や所属する企業そのものが評価されます。応対の際は，丁寧に感じよく，はっきりと正確に，相手を待たせないよう迅速に行うことが大切です。

設問6

解答	解答参照
解説	会場レイアウトは，会議の参加人数や目的に合わせて設営します。 1．勉強会やセミナーなどに適した形式は，スクール型です。 2．参加者全員が顔を見合わせ意見交換を行う形式は，ロの字型です。 3．各テーブルが数人のグループとなり，議論や演習を行う形式は，島型です。

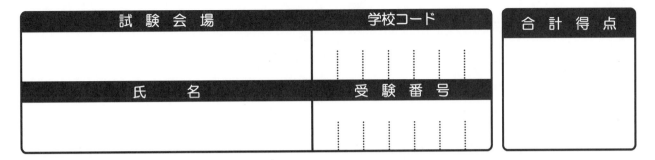

主催　公益社団法人　全国経理教育協会　　後援　文部科学省

第44回社会人常識マナー検定試験　標準解答

1 級

試　験　会　場		学校コード			合　計　得　点
氏　　　名		受　験　番　号			

第1問　【社会常識】

設問1	1	会得	2	希薄	3	添付	4	意義	5	異議
	6	イショク	7	ササイ	8	ユクエ	9	シッペイ	10	ハンレイ

設問2	1	2	3	4	5
	憂	曲	越	歌	遇

設問3	1	2	3	4	5
	作業工程図 流れ図	技術革新 新機軸	詳細 細部	調整 整備	選択 選択肢

設問4	1	2	3	4	5
	SDGs	フィンテック	マイナンバー	リストラクチャリング	ワーキングプア

設問5	1	2	3	4	5
	カ	オ	イ	ウ	エ

第1問

第2問 【コミュニケーション】

	1	2	3	4
設問1	held	at	on	let

設問2	1．メモをとる。 2．最後まで聞く。 3．復唱して確認する。 他に，聞き取れなかったことは確認するなど。

	1	2	3	4	5
設問3	拝啓	薫風 新緑	ご隆盛 ご清栄	格別	ご厚情 ご高配
	6	7	8	9	10
	ご来臨 ご臨席	まずは	書中	敬具	記

設問4	1	いらっしゃいませ。いつもお世話になっております。失礼ですが，面談のご予約は承っておりますでしょうか。
	2	大塚はただ今仕事が立て込んでおりますため，お会いできるかどうか確認してまいります。お差し支えなければ，ご用件をお聞かせいただけますでしょうか。
	3	このたびは，ご愁傷様でございます。
	4	ご紹介いたします。こちらが弊社の課長の鈴木でございます。こちらが株式会社ゼンケイ，課長の田中様でいらっしゃいます。
	5	失礼ですが，どちらをお訪ねでいらっしゃいますか。お差し支えなければ，私がご案内いたしますがいかがでしょうか。

第2問

第3問　【ビジネスマナー】

設問1	1	2	3	4	5
	エ	オ	イ	ア	ウ

設問2	
	1．約束の時間に会えないことを詫びる。
	2．外出先からの戻りが30分程度遅れることを伝える。
	3．そのまま待ってもらう，代理人と会う，日を改める，など相手の意向を聞く。
	他，待ってくれるなら，応接室に案内し，お茶を出す，など。

設問3	
	1．大勢で押しかけない。
	2．長居せず10分程度で済ませる。
	3．病気や病状について具体的に聞かない。
	他，見舞品は，病状に適したものを用意する，など。

設問4	1	2	3
	御歳暮	喜寿御祝 寿	粗品
	4	5	
	志 忌明	陣中御見舞	

設問5	1	1．周囲に人がいないことを確認してコピーする。 2．必要部数のみコピーする。 他，原本の置き忘れに注意する，など。
	2	1．中身が見えない封筒に入れ，外側には「親展」と表記する。 2．受け渡しは手渡しで行う。 他，文書受渡簿を持参して受領印をもらう，など。

設問6	
	品川部長 　Ｙ社の上野様からお電話がございました。２点伝言がございます。 　1．来週開催される人材開発セミナーの件で確認したいことがあるので，お電話をいただきたいとのこと。 　2．明日６月４日の事前打ち合わせには，参加者名簿をお持ちいただきたいとのこと。 　よろしくお願いいたします。 　　　　　　　　　　　　　　　　　　　　　　　６月３日午前10時 　　　　　　　　　　　　　　　　　　　　　　　大塚受

第3問

123

第1問【社会常識】

設問1

解答	1．会得　　2．希薄　　3．添付　　4．意義　　5．異議 6．イショク　7．ササイ　8．ユクエ　9．シッペイ　10．ハンレイ
解説	1．「会得（エトク）」は，十分に理解して自分のものにすることを意味します。 4．「意義（イギ）」は，そのものの意味や価値のことです。次の5の「異議」などの同音異義語に注意しましょう。 5．「異議（イギ）」は，異なった意見を意味します。 6．「委嘱（イショク）」は，特定の仕事を人に任せて遂行してもらうことを意味します。 10．「凡例（ハンレイ）」は，書物の巻頭にある編述の方針や使用法などを述べたものです。

設問2

解答	1．憂　2．曲　3．越　4．歌　5．遇
解説	四字熟語は，意味を正しく理解して，コミュニケーションを円滑かつ的確にとれるようになりましょう。今回の問題の他にも頻繁に使われるものをいくつか紹介します。 「意気消沈」・・・気力や元気を失って，落ち込んでしまうこと 「一念発起」・・・今までの考え方や行動を改めて目標を成し遂げようと決意すること 「一目瞭然」・・・一目見ただけで，物事全体の様子がわかること

設問3

解答	1．作業工程図／流れ図　　2．技術革新／新機軸　　3．詳細／細部　　4．調整／整備 5．選択／選択肢
解説	カタカナ用語はビジネスの場面で多用され，フローチャートやイノベーションなどは，日本語よりもむしろ頻繁に使われています。カタカナ用語をコミュニケーションの中で的確に使用することができるよう，言葉の意味を正しく理解して覚えておきましょう。今回の問題の他にも，サゼスチョン（示唆），ジェンダー（性差），シナジー（相乗効果），タイムラグ（時間のずれ），ドラスチック（徹底的な／激烈な），ペンディング（保留）など多数のカタカナ用語が頻繁に使用されます。

設問4

解答	1．ＳＤＧｓ　　　　　　2．フィンテック　　3．マイナンバー 4．リストラクチャリング　　5．ワーキングプア
解説	1．持続可能な開発目標（ＳＤＧｓ：Sustainable Development Goals）は，貧困，格差，気候変動による影響など，世界のさまざまな問題を根本的に解決し，すべての人たちにとってより良い世界をつくるための世界共通の17の目標です。企業においても重要な目標・課題であり，近年では，学生が就職活動の際にCSRとともに注目するポイントにもなってきています。

設問5

解答	1．カ（社会的責任）　　　　2．オ（災害）　　　　　　3．イ（被害） 4．ウ（ブランドイメージ）　　5．エ（リスクマネジメント）
解説	企業の社会的責任（ＣＳＲ）は，活動を展開するうえで関わるすべてのステークホルダー（利害関係者）に対して果たすべきものであり，その責任を果たすことによって，自らのブランドイメージや価値を向上させ，存続するにふさわしい存在として認められ，社会から受け入れられることになります。そのためにも，リスクマネジメントは重要ですが，中小企業では未だ管理体制が十分に整っているとはいえないのが現状です。

第2問【コミュニケーション】

設問1

解答	1．held　　2．at　　3．On　　4．let
解説	英文レターでよく使われる表現を覚えましょう。 1．「be held in ～」　～で開催される 2．「at」は時間の前に入ります。 3．「on」は曜日の前に入ります。 4．「let me know」お知らせください，「let me ～」～してください。

設問2

解答	1．メモをとる。 2．最後まで聞く。 3．復唱して確認する。 他，聞き取れなかったことは確認する，など。
解説	会社は組織で構成され，組織ごとに達成すべき目標を持っています。各組織の責任者である上司は組織の目標達成のため，一人ひとりの部下に役割を与えます。その具体的なものが指示・命令です。

設問3

解答	1．拝啓　　　　　　　2．薫風／新緑　　　3．ご隆盛／ご清栄　　4．格別 5．ご厚情／ご高配　6．ご来臨／ご臨席　7．まずは　　　　　　8．書中 9．敬具　　　　　　10．記
解説	ビジネス文書の書式と一般的な文言は覚えておきましょう。発信日付が５月ですので，季節の挨拶は立夏の候も適当です。前文の安否の挨拶は，会社あてと個人あてでは異なります。 会社あて　⇒　ご隆盛・ご繁栄・ご発展 例）貴社ますますご隆盛のこととお喜び申し上げます。 個人あて　⇒　ご健勝・ご清祥・ご活躍 例）貴殿ますますご健勝のこととお喜び申し上げます。

設問4

解答	1．いらっしゃいませ。いつもお世話になっております。失礼ですが，面談のご予約は承っておりますでしょうか。
	2．大塚はただいま仕事が立て込んでおりますため，お会いできるかどうか確認してまいります。お差し支えなければ，ご用件をお聞かせいただけますでしょうか。
	3．このたびは，ご愁傷さまでございます。
	4．ご紹介いたします。こちらが弊社の課長の鈴木でございます。こちらが株式会社ゼンケイ，課長の田中様でいらっしゃいます。
	5．失礼ですが，どちらをお訪ねでいらっしゃいますか。お差し支えなければ，私がご案内いたしますがいかがでしょうか。
解説	1．2．5．クッション言葉を使うことで，相手に依頼をする際や相手からの要望に応えられないとき，相手に及ぶ心理的な衝撃を和らげます。
	3．葬儀や告別式に参列するときの受付での言葉は覚えておきましょう。
	4．紹介をする際は，目下の人を目上の人に，立場の低い人を高い人に，また身内を相手に紹介するのが基本です。
	クッション言葉には，次のような言葉があります。
	①　相手に声をかけるとき「恐れ入りますが」「失礼ですが」
	②　相手の意向を尋ねるとき「お差し支えなければ」「よろしければ」
	③　相手に手間や面倒をかけるとき「お手数をおかけいたしますが」
	相手の誘いや依頼を断るとき「申し訳ございませんが」「せっかくですが」

第3問【ビジネスマナー】

設問1

解答	1．エ（総務部）　　2．オ（経理部）　　3．イ（企画部）　　4．ア（営業部） 5．ウ（広報部）
解説	会社組織は各部門，それぞれの業務によって扱う情報が異なります。どの部署がどのような情報を取り扱っているか把握することも必要となります。この他に担当する業務についても合わせて覚えましょう。 ・総務部・・・株主総会，取締役会，各種行事，式典など。 ・経理部・・・決算書，財務諸表，部門別収支に関する数値情報など。 ・企画部・・・新商品開発など。 ・営業部・・・顧客名簿，営業所売上など。 ・広報部・・・ＩＲ（投資家向け広報活動），広報誌，社内報など。

設問2

解答	1．約束の時間に会えないことを詫びる。
	2．外出先からの戻りが30分程度遅れることを伝える。
	3．そのまま待ってもらう，代理人と会う，日を改める，など相手の意向を聞く。
	他，待ってくれるなら，応接室に案内し，お茶を出す，など。
解説	上司が不在中，予定通り来社した客への対応です。まずは，上司が不在していることを伝え詫びます。次に，現状（30分程度遅れていること）を伝えます。取引先のトラブル対応のためという理由は伝えません。相手の意向を聞いて対応をします。

設問3

解答	1．大勢で押しかけない。
	2．長居せず10分程度で済ませる。
	3．病気や病状について具体的に聞かない。
	他，見舞品は，病状に適したものを用意する，など。
解説	病気やけがをした人へのお見舞いをする際は，こちらの都合だけで勝手に行うものではありません。入院している患者本人だけでなく，家族，同室の患者さんにも配慮や気遣いが求められます。

設問4

解答	1．御歳暮　　2．喜寿御祝／寿　　3．粗品　　4．志／忌明　　5．陣中御見舞
解説	状況に応じて，その時々の気持ちを相手に伝えることが贈り物の目的です。適切なタイミングで相手に相応しいものを贈ることが求められます。
	1．季節の進物は贈る時期によって上書きは異なります。歳暮を贈る時期は，12月1日〜25日頃です。
	2．喜寿の祝いは，77歳を迎える方の特別なものですので，記念に残るものやお祝を華やかに彩るものを贈ります。
	3．粗品は，他人に贈呈する品物を「粗末なもの」として謙遜する呼び方です。
	4．香典返しは，通夜や葬儀で故人に供えていただいた香典へのお返しのことです。
	5．選挙や試合，受験，公演，展示会などの大きなイベントの勝利や成功を目指す人に対して，ねぎらうための贈り物を陣中御見舞といいます。

設問5

解答1	1．周囲に人がいないことを確認してコピーする。
	2．必要部数のみコピーする。
	他，原本の置き忘れに注意する，など。
2	1．中身が見えない封筒に入れ，外側には「親展」と表記する。
	2．受け渡しは手渡しで行う。
	他，文書受渡簿を持参して受領印をもらう，など。
解説	機密を守ることは企業人として重要なことです。秘文書の取り扱いは，コピーをする，社内の人に配付するときだけでなく，保管の仕方，郵送の仕方，メールの送り方も合わせて理解しておきましょう。

設問6

解答	品川部長
	Y社の上野様からお電話がございました。2点伝言がございます。
	1．来週開催される人材開発セミナーの件で確認したいことがあるのでお電話をいただきたいとのこと。
	2．明日6月4日の事前打ち合わせには，参加者名簿をお持ちいただきたいとのこと。
	よろしくお願いいたします。
	6月3日午前10時
	大塚受
解説	伝言メモに記載する項目は，次のとおりです。
	①　誰宛のメモか
	②　相手の会社名・氏名
	③　伝言の内容
	④　受けた日時
	⑤　電話を受けた人の名前
	内容は5W3Hの用件で簡潔に記載します。

主催 公益社団法人 全国経理教育協会 後援 文部科学省

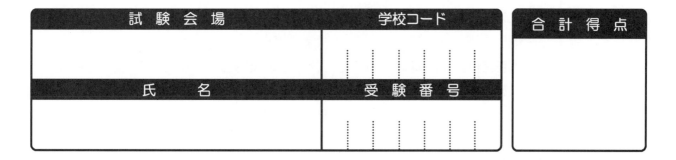

第46回社会人常識マナー検定試験 標準解答
1 級

試 験 会 場	学校コード
氏 名	受 験 番 号

合 計 得 点

第1問 【社会常識】

設問1	1 顕著	2 遂行	3 追及	4 追求	5 逐次
	6 テイカン	7 ケネン	8 トンザ	9 ソウサイ	10 カツアイ

設問2	1	2	3	4	5
	走	錯	棒	依	断

設問3	1	2	3	4	5
	協力 合作	最終消費者	計画 体制	すきま産業	相乗効果

設問4	1	2	3	4	5
	ダイバーシティ	コーポレートガバナンス	キャッシュフロー	パリ	ビッグデータ

設問5	1	2	3	4	5
	オ	エ	カ	イ	ウ

第1問

第2問 【コミュニケーション】

設問1	1	2	3	4	5
	ウ	ア	カ	イ	エ

設問2	
	1 相手が興奮していても，温かく誠実な態度で受け入れる。
	2 相手の言葉を繰り返す，要約するなどで，相手の気持ちを理解したことを伝える。
	3 不便や不快な思いを招いたことについてお詫びをする。
	4 長引くケースなどは場所を変えたり，担当する人を変えたりしてみる。
	5 丁寧に説明して理解・納得を得るようにする。
	他，迅速に処理する，など。

設問3	1	2	3	4	5
	前略	由	拝察 推察	ご全快 ご快復	お祈り
	6	7	8	9	10
	心ばかり	ご笑納 お納め	まずは	書中	草々

設問4		
	1	本日はおめでとうございます。
	2	申し訳ございません。ＦＡＸを間違えてお送りいたしました。お手数をおかけいたしますが，破棄していただけますでしょうか。
	3	かしこまりました。（課長の）大塚に確かに申し伝えます。
	4	ご不明な点がございましたら，弊社のカスタマーサービスにお尋ね（お問合せ）いただけますでしょうか。
	5	納品の期日について，ご配慮願えませんでしょうか。

第2問

第3問 【ビジネスマナー】

設問1	1	2	3	4	5
	エ	イ	カ	オ	ア

設問2	1．訪問者側から名刺を差し出す。 2．先に上司が名刺交換を行い，次に，自分が行う。 3．名刺は両手で胸の高さで持って名乗り，名刺を差し出す。 他，名刺を受け取ったら復唱する，など。

設問3	1．現在，担当者の大森は外出中であることを詫びる。 2．大森は15時に帰社予定であることを伝え，品川氏の意向を尋ねる。 3．品川氏が急いでいるようなら，大森に連絡を取るようにする。急ぎでないときは，戻り次第連絡をすると伝える。 他，伝言があれば言付かる，など。

設問4	1	2	3
	月刊	旬刊	白書
	4	5	6
	紀要	リーフレット	カタログ

設問5	1	1．箸は箸置きに置く。迷い箸や寄せ箸など，箸づかいのマナーに注意する。 2．椀ものなどの器は持って食べる。 他，食後は器を重ねない，など。
	2	1．ナイフとフォークは，食事中はハの字にして，食後は斜めにそろえて置く。 2．ナプキンは二つ折りにし，折り山を手前にしてひざの上に載せる。 他，ナプキンは，食後簡単にたたんでテーブルの上に置く，など。
	3	1．回転台は時計回りに回す。 2．料理は主催が取った後に順に回す。 他，回転台を回すときは，他の人が取っていないことを確認してから回す。

設問6

〒170-0004
東京都豊島区北大塚一―十三―十二
全経商事
祝賀会事務局　御中

残念ながら所用のため
ご出席
ご欠席　させていただきます　ご盛会をお祈りいたします
ご住所　○○○○
ご芳名　○○○○

第3問

第1問【社会常識】

設問1

解答	1．顕著　　　　2．遂行　　　　3．追及　　　　4．追求　　　　5．逐次
	6．テイカン　　7．ケネン　　　8．トンザ　　　9．ソウサイ　　10．カツアイ
解説	3．「追及（ツイキュウ）」は，責任などをどこまでも追い責めることや後から追いかけておいつくことを意味します。次の4の「追求」など同音異義語に注意しましょう。
	4．「追求（ツイキュウ）」は，目的のものを得ようとして，それをどこまでも追い求めることを意味します。
	6．定款（テイカン）は，会社や団体の目的・組織ならびにその業務執行に関する基本規則です。
	7．相殺（ソウサイ）は，互いに差し引いて損得なしにすることを意味します。

設問2

解答	1．走　　2．錯　　3．棒　　4．依　　5．断
解説	四字熟語は，コミュニケーションの中で日常的に多用されます。意思疎通を十分に図るためのキーワードとして正しく意味を理解し，的確に使用できることが大切です。今回の問題の他にも頻繁に見聞きするものをいくつか紹介しましょう。
	「悪戦苦闘」・・・困難な状況でも，苦しみながら必死に努力すること
	「独断専行」・・・自分ひとりの判断で，勝手に行動をすること
	「品行方正」・・・心のあり方や行動が正しくて立派なこと

設問3

解答	1．協力／合作　　2．最終消費者　　3．計画／体制　　4．すきま産業
	5．相乗効果
解説	ビジネスの場面でカタカナ用語は多用されます。コミュニケーションの中で的確に使用することができるよう言葉の意味を正しく認識しておきましょう。今回の問題の他にも，イニシアチブ（主導権），オファー（申し込み），キャパシティー（収容力／能力），コンセンサス（合意／意見の一致），リーズナブル（手頃な／妥当な），クリエイティブ（創造的），コミッション（委託／委託料）などもよく使用されるカタカナ用語です。

設問4

解答	1．ダイバーシティ　　2．コーポレートガバナンス　　3．キャッシュフロー
	4．パリ　　　　　　　5．ビッグデータ
解説	4．2015年の第21回国連気候変動枠組条約締約国会議（COP21，COP：Conference of Parties）で採択，2016年に発効したパリ協定では，2020年以降の温室効果ガス削減に関する世界的な取り決めが示され，世界共通の2度目標（努力目標1.5度以内）」が掲げられています。同じ2015年に採択されたSDGs（持続可能な開発目標）にも「気候変動に具体的な対策を」が盛り込まれたこともあり，世界各国の温室効果ガス排出量削減やカーボンニュートラル（排出量から吸収量と除去量を差し引いた合計をゼロにする）実現に向けた政策整備の動きが確実に加速しています。

設問5

解答	1．オ（テクニカル）　　　2．エ（リーダーシップ）　　3．カ（ヒューマン）
	4．イ（コンセプチュアル）　5．ウ（キャリア形成）
解説	社会や経済の急速な変化・発展に伴って，企業から求められる個人の能力も年々変化しています。その変化に対応できるよう，一人ひとりがキャリアを形成していく必要性が高まってきています。将来なりたい姿にたどり着くために，常に成長していかなければなりません。

第2問【コミュニケーション】

設問1

解答	1．ウ（支援）　　2．ア（ファシリテーター）　　3．カ（傾聴）　　4．イ（質問）
	5．エ（合意）
解説	ファシリテーションとは，会議やミーティングを円滑に進める技法のことです。その役割を担う人のことをファシリテーターといいます。具体的には，参加メンバーの発言を促しながら，多様な意見を瞬時に理解・整理していき，重要なポイントを引き出し，議論を広げ，最後には議論を収束させ合意形成をしていきます。

設問2

解答	1　相手が興奮していても，温かく誠実な態度で受け入れる。
	2　相手の言葉を繰り返す，要約するなどで，相手の気持ちを理解したことを伝える。
	3　不便や不快な思いを招いたことについてお詫びをする。
	4　長引くケースなどは場所を変えたり，担当する人を変えたりしてみる。
	5　丁寧に説明して理解・納得を得るようにする。
	他に，迅速に処理する，など。
解説	クレームとは，サービスに対する苦情や改善要求，契約あるいは法律上の権利請求のことです。何らかの理由で顧客が満足していない際に，さまざまなケースのクレームが発生します。クレームを嫌なことと捉えずに，サービスの質を上げるために顧客の声を真摯に受け止めて改善につなげることが重要です。

設問3

解答	1．前略　　　2．由　　　　　3．拝察／推察　　　　4．ご全快／ご快復
	5．お祈り　　6．心ばかり　　7．ご笑納／お納め　　8．まずは
	9．書中　　　10．草々
解説	1．10．見舞状の場合は，頭語は前略（付けない場合もある），結語は草々を使います。
	2．「由」は「よし」と読みます。これは「理由，わけ」の意味を持つ言葉です。
	7．つまらないものですが，納めてください。　⇒　ご笑納いただければ幸いに存じます。
	解答以外にも次の慣用表現を覚えておきましょう。
	・急いでお知らせします。　⇒　取り急ぎお知らせいたします。
	・よい品を頂戴しましてありがとうございます。　⇒　結構なお品をご恵贈くださいまして
	ありがとうございます。
	・どうぞ心配しないでください。　⇒　何とぞ，ご放念ください。
	・安心してください。　⇒　ご休心ください。

設問4

解答	1．本日はおめでとうございます。
	2．申し訳ございません。FAXを間違えてお送りいたしました。お手数をおかけいたしますが，破棄していただけますでしょうか。
	3．かしこまりました。（課長の）大塚に確かに申し伝えます。
	4．ご不明な点がございましたら，弊社のカスタマーサービスにお尋ね（お問合せ）いただけますでしょうか。
	5．納品期日について，ご配慮願えませんでしょうか。
解説	1．結婚式の受付では「本日はおめでとうございます」と言います。
	2．FAXを間違えて送ってしまった場合は，相手に電話をして破棄してもらうようにお願いします。
	3．「上司にきちんと伝える」　⇒　「大塚（上司）に確かに申し伝えます」
	4．「分からないことがあったら」　⇒　「ご不明な点がございましたら」
	5．「なんとかしてもらえないか」　⇒　「ご配慮願えませんでしょうか」

第3問【ビジネスマナー】

設問1

解答	1．エ（計画）　　2．イ（維持）　　3．カ（開発）　　4．オ（連携）
	5．ア（成功）
解説	プロジェクトが立ち上がったら，進行計画を立てて，それにそって実行していきます。プロジェクトを実行する中では，「想定通りに進んでいるか」「トラブルはないか」を常に確認しながら進めます。問題が発生した場合は，再計画し実行することを繰り返し，最終的に目標が達成されて終結します。

設問2

解答	1．訪問者側から名刺を差し出す。
	2．先に上司が名刺交換を行い，次に，自分が行う。
	3．名刺は両手で胸の高さで持って名乗り，名刺を差し出す。
	他，名刺を受け取ったら復唱する，など。
解説	ビジネスの場面では名刺交換の機会が多くあります。名刺はその会社における本人の所属部署，地位，連絡先などを明らかにするために交換されるもので，その人自身を表すものです。そのため名刺は，丁寧に大切に扱います。

設問3

解答	1．現在，担当者の大森は外出中であることを詫びる。
	2．大森は15時に帰社予定であることを伝え，品川氏の意向を尋ねる。
	3．品川氏が急いでいるようなら，大森に連絡を取るようにする。急ぎでないときは，戻り次第連絡をすると伝える。
	他，伝言があれば言付かる，など。
解説	担当者が不在の際の対応です。まずは，現状（担当者が外出中であること）を伝え詫びます。次に，戻る時間を伝え，相手の意向（折り返し電話がほしい，改めて電話する，伝言を依頼など）を尋ねます。相手が急いでいるようなら，担当者に連絡を取り対応します。

設問4

解答	1．月刊　　2．旬刊　　3．白書　　4．紀要　　5．リーフレット　　6．カタログ
解説	出版物は，大切な情報源となります。有効に活用するために，整理の仕方も合わせて理解しましょう。

設問5

解答1	1．箸は箸置きに置く。迷い箸や寄せ箸など，箸づかいのマナーに注意する。
	2．椀ものなどの器は持って食べる。
	他，食後は器を重ねない，など。
2	1．ナイフとフォークは，食事中はハの字にして，食後は斜めにそろえて置く。
	2．ナプキンは二つ折りにし，折り山を手前にしてひざの上に載せる。
	他，ナプキンは，食後簡単にたたんでテーブルの上に置く，など。
3	1．回転台は時計回りに回す。
	2．料理は主催が取った後に順に回す。
	他，回転台を回すときは，他の人が取っていないことを確認してから回す。
解説	料理によって食事のマナーはそれぞれ違いがあることを知っておきましょう。
	1．日本食は「箸づかいに始まり，箸づかいに終わる」といわれており，箸を使い，器を持って食べます。箸と器を正しく使うことが大切です。
	2．ナイフやフォークなど使う際は，音を立てないようにします。
	3．回転台にある料理を自分の皿に取り分けるときは，他の人の分量も考えて取ります。

設問6

解答	解答参照
解説	返信はがきを書くときのポイントは次の通りです。 ・表書きは，「行」を二重線で消し，あて名が法人や団体のときは「御中」，個人のときは「様」と書きます。 【出席の場合】 ・「ご出席」の「ご」，「ご欠席」，「ご住所」の「ご」，「ご芳名」の「ご芳」の部分を縦に二重線で消します。 ・「出席」の後に，「させていただきます」などと書きます。 【欠席の場合】 ・「ご出席」，「ご欠席」の「ご」，「ご住所」の「ご」，「ご芳名」の「ご芳」の部分を二重線で消します。 ・具体的な理由は書かず，余白に「残念ながら所用のため（欠席）させていただきます」などと書きます。

主催　公益社団法人　全国経理教育協会　　後援　文部科学省

第48回社会人常識マナー検定試験　標準解答
1 級

<table>
<tr><td colspan="2">試 験 会 場</td><td colspan="2">学校コード</td><td colspan="2">合 計 得 点</td></tr>
<tr><td colspan="2"></td><td colspan="2"></td><td colspan="2"></td></tr>
<tr><td colspan="2">氏　　名</td><td colspan="2">受 験 番 号</td><td colspan="2"></td></tr>
<tr><td colspan="2"></td><td colspan="2"></td><td colspan="2"></td></tr>
</table>

第1問　【社会常識】

設問1	1	署名	2	収拾	3	補償	4	拘束	5	観賞
	6	エトク	7	ジョウジュ	8	ユチャク	9	サンカ	10	カシャク

設問2	1	2	3	4	5
	異	抗	応	然	刀

設問3	1	2	3	4	5
	専門家	指導者	少数派	小型化	危機回避

設問4	1	2	3	4	5
	国土交通	嘱託	NISA	森林環境	ISO

設問5	1	2	3	4	5
	イ	オ	カ	ア	エ

第1問

第2問　【コミュニケーション】

設問1	1	2	3	4	5
	エ	ア	ウ	オ	イ

設問2	
	1　会議の名称 2　開催場所 3　議題 4　出欠席者名 5　決定事項 他，議事録作成者名，添付資料，など

設問3	1	2	3	4	5
	謹啓	お喜び	格別	さて	賜り
	6	7	8	9	10
	微力	所存	何とぞ	末筆	略儀

設問4		
	1	失礼ですが，どちらの大塚様でいらっしゃいますか。
	2	お足元の悪い中，お越しいただきまして誠にありがとうございます。
	3	心ばかりのものですが，どうぞお納めください。（お受け取りください）
	4	品川様にこちらの資料をお渡しするようにと，課長の大崎から申し付かっております。
	5	失礼いたします。ご相談したいことがございますが，ただ今，お時間よろしいでしょうか。

第2問

第3問　【ビジネスマナー】

設問1	1	2	3	4	5
	カ	ウ	ア	オ	エ

設問2	
	1．約束の日時に行けないと分かった時点ですぐに連絡をする。
	2．詫びて，理由を簡潔に述べる。
	3．先方の都合のよい日時を二，三聞き，改めて日程調整を行う。
	他，面談当日は日時の変更を詫び，礼を伝える，など。

設問3	
	1．間違った情報に惑わされないよう，信頼できる情報を収集する。
	2．古い情報は最新のものに更新し，新しい情報を収集する。
	3．保管する際は，後で活用できるように情報を整理しておく。
	他，普段から関連する情報を収集しておく，など。

設問4		
	1	部署名，下の名前，役職などで確認する。
	2	基本的に無断で社員の情報を教えることは控える。相手の連絡先を聞き，不在の社員に連絡を取って折り返すことを伝える。
	3	直ちに顧客に掛け直し，何らかの理由で切れてしまったことを詫び，用件の続きを話す。
	4	内容について分かる場合は，自分で対応する。その場で回答できない場合は，折り返す旨とおおよその時間を伝える。

設問5	1	2	3
	議案	オブザーバー	議長
	4	5	
	アジェンダ	キャスティングボート 議長決裁	

設問6		記号	上書き
	1	D	寿
	2	E	御見舞
	3	C	御霊前
	4	A	御花料
	5	B	寿 喜寿御祝

第3問

第1問【社会常識】

設問1

解答	1．署名　　2．収拾　　3．補償　　4．拘束　　5．観賞
	6．エトク　7．ジョウジュ　8．ユチャク　9．サンカ　10．カシャク
解説	5．「観賞（カンショウ）」は，美しいもの，珍しいものを眺め楽しむことを意味します。同音異義語に注意しましょう。（鑑賞・観照・干渉など）
	7．「成就（ジョウジュ）」は，願望していたことが達成したり願い事が叶ったりすることを意味します。
	10．「呵責（カシャク）」は，責め苦しめることを意味します。

設問2

解答	1．異　　2．抗　　3．応　　4．然　　5．刀

解説	四字熟語は，コミュニケーションをする上で日常的に使用されます。正しく意味を理解し，的確に使用できることが大切です。今回の問題の他にも頻繁に見聞きするものをいくつか紹介しましょう。
	「時期尚早」・・・あることに着手するには，時期がまだ早く機が熟していないこと
	「大器晩成」・・・大成するためには，時間がかかること
	「破顔一笑」・・・顔をほころばせて，笑みを浮かべること

設問3

解答	1．専門家　　2．指導者　　3．少数派　　4．小型化　　5．危機回避

解説	ビジネスの場面では，カタカナ用語も多用されます。コミュニケーションの中で的確に使用することができるよう，言葉の意味を正しく認識しておきましょう。今回の問題の他にも，アセスメント（評価／査定），イノベーション（技術革新），ケーススタディ（事例研究），コンテンツ（内容／目次），セキュリティー（安全／防犯）など多くのカタカナ用語が頻繁に使用されます。

設問4

解答	1．国土交通　　2．嘱託　　3．NISA　　4．森林環境　　5．ISO

解説	3．通常，株式などの金融商品に投資をした場合，それらを売却して得る利益や受け取る配当に対して税金がかかりますが，NISA（Nippon Individual Savings Account）は，毎年一定金額の範囲内で購入した場合に非課税になる制度です。
	5．ISO（International Organization for Standardization：国際標準化機構）は，スイスのジュネーブに本拠地を置く非政府機関です。
	ISO規格には，製品や表示に対する「モノ規格」と，企業などにおけるマネジメントの仕組みを標準化し，認定可能な要件にまとめた「マネジメントシステム規格」の2種類があります。

設問5

解答	1．イ（人事管理体制）　　　　2．オ（公平性）　　3．カ（コンプライアンス） 4．ア（ディスクロージャー）　　5．エ（アカウンタビリティー）
解説	企業が社会的責任を果たすためには，コンプライアンス（法令順守），ディスクロージャー（情報開示），アカウンタビリティー（説明責任）の三つの大きな柱が存在します。これらの責任をしっかりと果たすことによって，社会から信頼を獲得し，社会の一員として存続が認められます。

第2問【コミュニケーション】

設問1

解答	1．エ（コミュニケーション）　　　2．ア（効果的）　　3．ウ（つかみ） 4．オ（本論）　　　　　　　5．イ（締めくくり）
解説	ビジネスでのプレゼンテーションは，コミュニケーション手段の一つです。決められた時間内で，聞き手に対して情報や考えを分かりやすく効果的に伝えることで，理解・納得してもらい行動を促すことが目的です。プレゼンテーションの基本構成は，「イントロダクション → ボディ → クロージング」です。

設問2

解答	1．会議の名称　　2．開催場所　　3．議題　　4．出欠席者名　　5．決定事項 他，議事録作成者名，添付資料，など。
解説	議事録作成の目的は，関係者への会議の報告，会議の記録，議決事項を明確にするなどです。記載事項は次のとおりです。 ・会議の名称 ・開催日時・場所 ・議長名 ・出欠席者名 ・議題 ・経過・発言内容 ・決定事項（議決事項） ・議事録作成者名

設問3

解答	1．謹啓　　2．お喜び　　3．格別　　4．さて　　5．賜り 6．微力　　7．所存　　8．何とぞ　　9．末筆　　10．略儀
解説	1．結語が「謹白」とあるので，頭語には「謹啓」が入ります。 　ビジネス文書での慣用表現を覚えましょう。 ・いろいろお考えくださって　⇒　ご高配を賜り／ご高配にあずかり ・お忙しいところ，すみませんが　⇒　ご多用中恐縮ではございますが ・季節柄，健康に注意してください　⇒　時節柄，ご自愛のほどお祈り申し上げます ・簡略ですが手紙でご挨拶します　⇒　略儀ながら書中をもってご挨拶申し上げます

設問4

解答	1. 失礼ですが，どちらの大塚様でいらっしゃいますか。
	2. お足元の悪い中，お越しいただきまして誠にありがとうございます。
	3. 心ばかりのものですが，どうぞお納めください。（お受け取りください）
	4. 品川様にこちらの資料をお渡しするようにと，課長の大崎から申し付かっております。
	5. 失礼いたします。ご相談したいことがございますが，ただ今，お時間よろしいでしょうか。
解説	1. 3. クッション言葉を使うことで，相手に依頼をする際や相手からの要望に応えられないとき，相手におよぶ心理的な衝撃を和らげます。
	クッション言葉には，次のような言葉があります。
	① 相手に声をかけるとき「恐れ入りますが」「失礼ですが」
	② 相手の意向を尋ねるとき「お差し支えなければ」「よろしければ」
	③ 相手に手間や面倒をかけるとき「お手数をおかけいたしますが」
	④ 相手の誘いや依頼を断るとき「申し訳ございませんが」「せっかくですが」

第3問【ビジネスマナー】

設問1

解答	1. カ（社会的）　　2. ウ（公の場）　　3. ア（中傷）　　4. オ（曖昧）
	5. エ（セキュリティーソフト）
解説	情報器機や通信ネットワークを通じて他者と情報をやりとりする際，他者や自らを害することがないよう注意を払うことが必要です。インターネットを利用する際に心掛けるべきマナーや規範のことを「ネチケット」といいます。最近ではネチケットは「ネットマナー」ともいい，実社会で行うコミュニケーションと同じように，他者に礼儀正しく，周りに迷惑を掛けないことが基本です。

設問2

解答	1. 約束の日時に行けないと分かった時点ですぐに連絡をする。
	2. 詫びて，理由を簡潔に述べる。
	3. 先方の都合のよい日時を二，三聞き，改めて日程調整を行う。
	他，面談当日は日時の変更を詫び，礼を伝える，など。
解説	面談の日時変更を依頼し，後日面談に伺う際の対応です。本来は取引先との面談の変更は失礼となるため行いませんが，緊急事態や，やむを得ない事情の際は解答のような対応が必要となります。

設問3

解答	1. 間違った情報に惑わされないよう，信頼できる情報を収集する。
	2. 古い情報は最新のものに更新し，新しい情報を収集する。
	3. 保管する際は，後で活用できるように情報を整理しておく。
	他，普段から関連する情報を収集しておく，など。
解説	情報社会といわれる今日，インターネットの普及により誰でも簡単に世界中の情報を入手できるようになりました。世の中には種々雑多な情報が溢れています。無数に存在する情報を収集できる一方，本当に必要な情報を絞り込み，迅速かつ有効に活用する工夫が必要となります。自分にとって必要な情報は何かを見極め，取捨選択をすることが大切です。

設問4

解答	1．部署名，下の名前，役職などで確認する。
	2．基本的に無断で社員の情報を教えることは控える。相手の連絡先を聞き，不在の社員に連絡を取って折り返すことを伝える。
	3．直ちに顧客に掛け直し，何らかの理由で切れてしまったことを詫び，用件の続きを話す。
	4．内容について分かる場合は，自分で対応する。その場で回答できない場合は，折り返す旨とおおよその時間を伝える。
解説	電話は，音声のみを使ったコミュニケーションツールです。言葉遣い一つで，その人の人柄や所属する組織にも影響を与えてしまいます。応対する際は，会社の代表として，丁寧に感じよく，迅速に臨機応な対応を心掛けます。

設問5

解答	1．議案　　2．オブザーバー　　3．議長　　4．アジェンダ
	5．キャスティングボート／議長決裁
解説	会議は複数の参加者が集まり情報共有や問題解決を図る大切な時間ですので，効率よく進めることが必要となります。この他，次の用語も合わせて覚えましょう。
	・議題・・・会議にかけて討議する内容。
	・委任状・・・委任したことを記載した文書のこと。
	・議事・・・会議で審議すること。審議するべき事柄のこと。

設問6

解答			
		記号	上書き
	1	D	寿
	2	E	御見舞
	3	C	御霊前
	4	A	御花料
	5	B	寿／喜寿御祝
解説	金品を贈る際は，上書きの知識だけでなく，用途に合わせた祝儀・不祝儀袋の使い分けも合わせて理解しておきましょう。
	1．結婚は，祝儀袋を使用。結び切り。
	2．病気見舞いは，白封筒を使用。
	3．葬儀は，不祝儀袋を使用。黒白・銀一色の結び切り。
	4．十字架やユリの花の柄がついた不祝儀袋か白封筒を使用。
	5．長寿の祝いは，祝儀袋を使用。蝶結び。

第50回社会人常識マナー検定試験　標準解答

1 級

試 験 会 場		学校コード	
氏　　名		受 験 番 号	

合 計 得 点

第1問　【社会常識】

設問1	1 扶養	2 緩和	3 潜在	4 更改	5 公開
	6 シンシ	7 ゼイジャク	8 ナツイン	9 キュウチ	10 オモワク

設問2	1	2	3	4	5
	捨	無	模	謝	朝

設問3	1	2	3	4	5
	商品化計画	地球規模 世界規模	否定的	主要取引銀行	災害予測地図 被害予測地図

設問4	1	2	3	4	5
	ASEAN	G7	プライマリーバランス	ODA	屋久

設問5	1	2	3	4	5
	オ	カ	ウ	ア	エ

第1問

第2問　【コミュニケーション】

<table>
<tr><td rowspan="2">設問
1</td><td>1</td><td>2</td><td>3</td><td>4</td><td>5</td></tr>
<tr><td>イ</td><td>エ</td><td>ア</td><td>カ</td><td>オ</td></tr>
<tr><td rowspan="2">設問
2</td><td>1</td><td>2</td><td>3</td><td>4</td><td>5</td></tr>
<tr><td>案内状</td><td>挨拶状</td><td>見舞状</td><td>悔やみ状</td><td>祝い状</td></tr>
<tr><td rowspan="4">設問
3</td><td>1</td><td>2</td><td>3</td><td>4</td><td>5</td></tr>
<tr><td>仲秋
秋冷</td><td>平素</td><td>末筆</td><td>恵贈</td><td>拝受</td></tr>
<tr><td>6</td><td>7</td><td>8</td><td>9</td><td>10</td></tr>
<tr><td>放念</td><td>臨席</td><td>自愛</td><td>書中</td><td>引見</td></tr>
</table>

<table>
<tr><td rowspan="5">設問
4</td><td>1</td><td>私では分かりかねます。お手数をおかけいたしますが，日を改めてお越し願えませんでしょうか。</td></tr>
<tr><td>2</td><td>お差し支えなければ，明日の打ち合わせを延期していただけませんでしょうか。</td></tr>
<tr><td>3</td><td>ご不明な点は，ございませんでしょうか。
お分かりになりにくい点は，ございませんでしょうか。</td></tr>
<tr><td>4</td><td>お借りしていた資料をお返しいたします。ありがとうございました。</td></tr>
<tr><td>5</td><td>お疲れ様です。品川さんですね，ただ今おつなぎいたしますので，少々お待ちください。</td></tr>
</table>

第2問

第3問 【ビジネスマナー】

設問1	1	2	3	4	5
	エ	オ	イ	ア	ウ

設問2

1．会場近くに案内係を置き，参加者を誘導する。
2．受付を設置する。参加者名簿を用意する。
3．会場を設営する。レイアウトは会議に合わせて行う。
他，プロジェクターやマイクなどの使用する機器類を準備する，など。

設問3

1．仕事の目的と重要性を伝える。
2．内容を具体的に説明する。
3．実際に自分が行い，手本を示す。
他，気をつける点を伝える，など。

設問4

1．書類のタイトルは，具体的につける。
2．ファイルのラベルは表示する位置を統一する。
3．書類は使ったら元に戻す。
他，書類のサイズを統一する，など。

設問5	1	2	3
	享年	喪主	香典
	4	5	
	葬儀	法事 法要	

設問6

146

第1問【社会常識】

設問1

解答	1．扶養　　　2．緩和　　　　3．潜在　　　　4．更改　　　　5．公開
	6．シンシ　　7．ゼイジャク　8．ナツイン　9．キュウチ　10．オモワク
解説	1．「扶養（フヨウ）」は，助け養うこと，生活できるように世話することを意味します。
	4．「更改（コウカイ）」は，古いきまりやしきたりなどを新しいものに変えることを意味します。
	5．「公開（コウカイ）」は，公衆に開放すること，特定の人に限定せず広く入場や観覧などを許可することを意味します。他にも「後悔」などの同音異義語に注意しましょう。
	6．「真摯（シンシ）」は，真面目で熱心なことやそのさまを意味します。
	8．「捺印（ナツイン）」は，「押印」と同意語で印鑑を押すことを意味します。

設問2

解答	1．捨　　2．無　　3．模　　4．謝　　5．朝
解説	四字熟語は意味を正しく理解し，コミュニケーションを円滑かつ的確にとれるようになりましょう。今回の問題の他にも，頻繁に使われるものをいくつか紹介します。
	「一刀両断」・・・ためらいや迷いを捨てて，思い切って物事を決断すること
	「公明正大」・・・公平・公正に物事を行うこと
	「意味深長」・・・表面上の意味だけではなく，深い意味が含まれていること

設問3

解答	1．商品化計画　　2．地球規模／世界規模　　3．否定的　　4．主要取引銀行
	5．災害予測地図／被害予測地図
解説	カタカナ用語はビジネスの場面で多用され，2のグローバル，3のネガティブや5のハザードマップなどは，日本語よりもむしろ頻繁に使われています。カタカナ用語をコミュニケーションの中で的確に使用することができるよう，言葉の意味を正しく理解して覚えておきましょう。

設問4

解答	1．ＡＳＥＡＮ　　2．Ｇ7　　3．プライマリーバランス　　4．ＯＤＡ　　5．屋久
解説	1．ＡＳＥＡＮ（東南アジア諸国連合）は，インドネシア・シンガポール・タイ・フィリピン・マレーシア・カンボジア・ブルネイ・ベトナム・ミャンマー・ラオスの10カ国から構成されています。
	5．世界遺産は，自然遺産，文化遺産，複合遺産に分類されています。日本の自然遺産は，屋久島・白神山地・知床・小笠原諸島の4件に加え，2021年に「奄美大島・徳之島，沖縄島北部および西表島」が登録され5件となっています。

設問5

解答	1．オ（リスクマネジメント）　　2．カ（予見）　　3．ウ（純粋リスク） 4．ア（危機管理マニュアル）　　5．エ（投機リスク）
解説	リスクにより不利益を被る対象は，組織・財務・株主などさまざまであるため，それぞれに適したマネジメントを行う必要があります。また，リスクマネジメントへの取り組みは，企業の経営状況を把握するうえでの重要な情報でもあり，多くの企業がホームページで積極的に情報発信しています。聞いたことのある企業や興味のある企業のホームページを見ることも勉強になります。

第2問【コミュニケーション】

設問1

解答	1．イ（身だしなみ）　　2．エ（話し方）　　3．ア（表情） 4．カ（態度）　　　　　5．オ（アイコンタクト）
解説	ビジネスで好感を持たれる四要素は次のとおりです。 1．企業のイメージアップにつながる身だしなみ 2．安心感を与える声掛け，話し方 3．親しみやすい笑顔，やさしいまなざしの表情 4．目線（アイコンタクト），態度

設問2

解答	1．案内状　　2．挨拶状　　3．見舞状　　4．悔やみ状　　5．祝い状 （順不同）
解説	代表的な社交文書は次のとおりです。 ・案内状／招待状・・・式典やパーティーなどに招待するための文書 ・挨拶状・・・開業，移転，役職者の異動などを関係者に知らせ，それを機会により一層の良好な関係と支持を得ようとする文書 ・見舞状・・・病気や事故の際に，相手の安否を尋ねる文書 ・悔やみ状・・・訃報に接し，人の死を悲しみ，慰めの言葉を述べた文書 ・祝い状・・・役員就任、受賞，賀寿など，相手方の慶事に慶びの言葉を述べる文書 ・礼状・・・相手の厚意や親切に対する感謝の気持ちを伝える文書

設問3

解答	1．仲秋／秋冷　　2．平素　　3．末筆　　4．恵贈　　5．拝受 6．放念　　　　　7．臨席　　8．自愛　　9．書中　　10．引見
解説	ビジネス文書の書式と一般的な文言は覚えておきましょう。発信日付が10月のため，季節の挨拶は紅葉の候も適当です。前文の安否の挨拶は，会社あてと個人あてでは異なります。 会社あて　⇒　ご隆盛・ご繁栄・ご発展 　　　　　　　　貴社ますますご隆盛のこととお喜び申し上げます。 個人あて　⇒　ご健勝・ご清祥 　　　　　　　　貴殿ますますご健勝のこととお喜び申し上げます。

設問4

解答	1．私では分かりかねます。お手数をおかけいたしますが，日を改めてお越し願えませんでしょうか。 2．お差し支えなければ，明日の打ち合わせを延期していただけませんでしょうか。 3．ご不明な点は，ございませんでしょうか。／お分かりになりにくい点は，ございませんでしょうか。 4．お借りしていた資料をお返しいたします。ありがとうございました。 5．お疲れ様です。品川さんですね，ただ今おつなぎいたしますので，少々お待ちください。
解説	1．「分からない」は「分かりかねます」と表現します。 2．クッション言葉を使うことで，相手に依頼をする際や相手からの要望に応えられないとき，相手に及ぶ心理的な衝撃を和らげます。 クッション言葉には，次のような言葉があります。 ・相手に声をかけるとき　⇒　「恐れ入りますが」「失礼ですが」 ・相手の意向を尋ねるとき　⇒　「お差し支えなければ」「よろしければ」 ・相手に手間や面倒をかけるとき　⇒　「お手数をおかけいたしますが」 ・相手の誘いや依頼を断るとき　⇒　「申し訳ございませんが」「せっかくですが」

第3問【ビジネスマナー】

設問1

解答	1．エ（経営資源）　　　2．オ（付加価値）　　　3．イ（経営）　　　4．ア（情報資産） 5．ウ（ＩＴ）
解説	情報は世の中にたくさんあります。しかし，中には事実と異なるゆがめられた情報も存在します。そのため，その情報が正しいかを分析・判断し，自分にとって必要かつ有効な情報を選択する必要があります。情報を主体的に選択，収集，活用，編集，発信する情報活用スキルがビジネスでは重要になります。このスキルを情報リテラシーといいます。

設問2

解答	1．会場近くに案内係を置き，参加者を誘導する。 2．受付を設置する。参加者名簿を用意する。 3．会場を設営する。レイアウトは会議に合わせて行う。 他，プロジェクターやマイクなどの使用する機器類を準備する，など。
解説	会議を主催する場合，事前準備から当日の運営・進行，片付けまでが会議の仕事となります。会議の流れを理解し，万全の体制を整えましょう。

設問3

解答	1．仕事の目的と重要性を伝える。 2．内容を具体的に説明する。 3．実際に自分が行い，手本を示す。 他，気をつける点を伝える，など。
解説	1．仕事の内容を伝えるだけでは，与えられた仕事の重要性を理解することはできません。「どのような意味があるのか」「どの位の利益となるのか」「どのようなリスクや問題が起りえるのか」など，仕事の目的や重要性も伝えることが大切です。 2．新しく仕事を指示する際，仕事内容はこちらが分かっていることでも，相手にとっては初めてのことです。細部に渡って具体的に丁寧に説明します。 3．指導する内容を説明した後，実際に行ってみせると，よりイメージがしやすく，相手が理解できます。

設問4

解答	1．書類のタイトルは，具体的につける。 2．ファイルのラベルは表示する位置を統一する。 3．書類は使ったら元に戻す。 他，書類のサイズを統一する，など。
解説	収集した情報を活用して文書を作成する際，以下の工夫をすると効率よく仕事ができます。 ・報告書や見積書など，使用頻度の高い文書はテンプレートとして保存しておくと，効率が上がるだけではなく，作成時のミスも減らせます。 ・ファイル名は，後で検索しやすいようにルールを決めます。「案件名」「内容」「日付」などを入れることで検索しやすくなります。

設問5

解答	1．享年　2．喪主　3．香典　4．葬儀　5．法事／法要
解説	訃報は突然知らされることが多いものですが，弔事には多くの決まりごとや作法があります。宗教や地域により形式が異なるので注意が必要です。この他に，覚えておきたい用語は以下の通りです。 ・逝去（せいきょ）・・・人が亡くなること ・訃報（ふほう）・・・人が亡くなったという知らせ ・遺族（いぞく）・・・故人の家族 ・弔問（ちょうもん）・・・遺族を訪問して悔やみを伝えること ・弔辞（ちょうじ）・・・故人に送る悔やみの言葉 ・通夜（つや）・・・近親者が故人と一夜を過ごす儀式 ・社葬（しゃそう）・・・会社主催の葬儀 ・喪中（もちゅう）・・・喪に服している期間のこと

設問6

解答	解答参照
解説	上座とは，その場で一番心地よく安全に過ごせる場所のことです。一般的には目上の人やお客様が座る席です。応接室や乗り物でも席次という考え方があり配慮することが求められます。 １．応接室の場合，上座は出入口から一番離れた位置にある席（ソファ）となります。 ２．和室の場合，床の間を背にした席が上座の位置となります。 ３．列車は，進行方向に向かって窓側の位置が上座となります。 ４．運転手つきの車は，運転席の後部座席が上座となります。

第52回社会人常識マナー検定試験　標準解答
1　級

試 験 会 場		学校コード	合 計 得 点
		┆┆┆┆┆	
氏　　名		受 験 番 号	
		┆┆┆┆┆	

第1問　【社会常識】

設問1	1	便宜	2	為替	3	発端	4	肯定	5	工程
	6	ハタン	7	ヒンパン	8	ギンミ	9	コクジ	10	ロウエイ

設問2	1	2	3	4	5
	漫	越	晩	歌	異

設問3	1	2	3	4	5
	評価 査定	変則的 不規則	収容力 容量	合意 意見の一致	引き抜き

設問4	1	2	3	4	5
	CSR	ステークホルダー	PL	働き方改革	UNESCO

設問5	1	2	3	4	5
	オ	ア	ウ	イ	エ

第1問

第2問　【コミュニケーション】

設問1	1	2	3	4	5
	イ	オ	ア	カ	エ

設問2	1	2	3	4	5
	私見 愚見	粗品	貴地	ご尊父様 お父様	ご母堂様 お母様

設問3	1	2	3	4	5
	盛夏 猛暑	ご健勝 ご清祥	平素	さて	感謝
	6	7	8	9	10
	笑納	鋭意	略儀	書中	敬具

設問4		
	1	恐れ入りますが，本日は面談のお約束を承っておりますでしょうか。
	2	お仕事中に申し訳ございませんが，ご報告申し上げたいことがございます。ただ今お時間よろしいでしょうか。
	3	よろしければ，私がご伝言を承りますが，いかがいたしましょうか。
	4	恐れ入りますが，そちらの椅子にお掛けになって，こちらの用紙に必要事項をご記入いただけませんでしょうか。
	5	あいにく課長の大塚は席を外しております。戻りましたらお電話を差し上げるように申し伝えますが，よろしいでしょうか。

第2問

第3問 【ビジネスマナー】

設問1	1	2	3
	約束の有無	斜め前	中央
	4	5	6
	内開き	外開き	上座

設問2

1．注文した商品とは違うものが届いていることを詫びる。
2．担当者は外出中で1時間後に戻ることを伝え，代わりに対応をする。
3．すぐに状況を確認し，折り返し連絡することを伝える。
他，連絡先と担当者名を聞く，など。

設問3

1．会社の情報や機器を許可なく持ち出さない。
2．書類，機器，外部記憶媒体などを放置しない。
3．機密情報をメールで送る際は，暗号化しパスワードをつける。
他，機密情報の書類を廃棄する際はシュレッダーで細断する，など。

設問4

1．普段から突発的な出来事を見越して，余裕をもって組む。
2．書類の提出など，期限のあるものは日程表に記載する。
3．いくつか仕事が重なった場合は優先順位をつける。
他，予定にいくつか候補日がある場合，候補日も日程表に記載する，など。

設問5	1	2	3
	簡易書留	現金書留	ゆうメール
	4	5	6
	普通郵便	料金別納郵便	ゆうパック

設問6	1	A	仏式	B	キリスト教式
	2	A	焼香	B	献花
	3		A		

第3問

154

第1問【社会常識】

設問1

解答	1．便宜　　　2．為替　　　3．発端　　　4．肯定　　　5．工程
	6．ハタン　　7．ヒンパン　　8．ギンミ　　9．コクジ　　10．ロウエイ
解説	4．「肯定（コウテイ）」は，意見や提案などに対して同意したり認めたりすることを意味します。
	5．「工程（コウテイ）」は，仕事や作業を進めていく順序・段階を意味します。4の「肯定」など同音異義語に注意しましょう。
	8．吟味（ギンミ）は，物事を念入りに調べたり選んだりすることを意味します。
	10．漏洩（ロウエイ）は，秘密や情報などが漏れること，または漏らすことを意味します。

設問2

解答	1．漫　　2．越　　3．晩　　4．歌　　5．異
解説	四字熟語は，コミュニケーションの中で日常的に多用されます。意思疎通を十分に図るためにも正しく意味を理解しておく必要があります。今回の問題の他にも，頻繁に見聞きするものをいくつか紹介しておきます。
	「旧態依然」・・・昔のままで，進歩や改善をしていないこと
	「起死回生」・・・絶望的な状態から，立ち直らせること
	「二者択一」・・・二つのうちのどちらか一方を選ぶこと

設問3

解答	1．評価／査定　　2．変則的／不規則　　3．収容力／容量　　4．合意／意見の一致
	5．引き抜き
解説	ビジネスの場面でカタカナ用語は多用されます。コミュニケーションの中で的確に使用することができるよう言葉の意味を正しく認識しておきましょう。今回の問題の他にも，パブリック（公共の／社会の），リーガル（法律上の），セオリー（理論／学説），ターニングポイント（転換点），ディスカッション（議論／討論），アウトソーシング（外部委託）などもよく使用されます。

設問4

解答	1．CSR　　　　2．ステークホルダー　　　　3．PL　　　　4．働き方改革
	5．UNESCO
解説	3．PL（Product Liability）法は，製造者の故意や過失にかかわらず，製造物に欠陥があった場合に製造者が賠償することを定めた法律で，1995年より施行されています。
	4．日本の労働状況は，少子高齢化に伴う生産年齢人口の減少，育児や介護との両立，働く人のライフスタイルの多様化などにより，以前とは異なってきています。生産性の向上とともに，就業機会の拡大や個々の意欲や能力を存分に発揮できる環境を作るため，「働き方改革」が担うところは大きいといえます。

設問5

解答	1．オ（成果）　　2．ア（貢献）　　3．ウ（分業）　　4．イ（プロフェッショナル） 5．エ（集合体）
解説	チームが仕事で成果をあげるためには，一人ひとりが「自分にできること，チームに貢献できる分野を考える」，「それぞれの担当分野で価値を生み出し，成果をあげる」，「プロフェッショナルとしての責任を持って，仕事に取り組む」ことが必要不可欠です。チームは，互いに協力しながらも一人ひとりが成果をあげる，プロフェッショナルの集団でなければなりません。

第2問【コミュニケーション】

設問1

解答	1．イ（改善要求）　　　2．オ（権利請求）　　　3．ア（満足）　　　4．カ（声） 5．エ（状況把握）
解説	クレーム対応の心得は，次のとおりです。 ・お詫びの言葉を言う。 ・相手の目を見て，訴えに共感しながら，誠意が伝わるように聴く。 ・相手の立場になって考える。 ・クレームの原因を把握する。 ・すぐに対応する。

設問2

解答	1．私見／愚見　　　2．粗品　　　3．貴地　　　4．ご尊父様／お父様 5．ご母堂様／お母様
解説	ビジネス文書で使われる自分側と相手側の呼び方は，次のとおりです。 {表}

	自分側	相手側
配慮	微意	ご配慮・ご高配・ご高説
夫	夫・主人	ご主人様
妻	妻・家内	ご令室様・奥様
息子	息子・愚息・せがれ	ご子息様・ご令息様
娘	娘	ご令嬢様・お嬢様・ご息女様
家族	私ども・家内一同	ご一同様・ご家族様

設問3

解答	1．盛夏／猛暑　　2．ご健勝／ご清祥　　3．平素　　4．さて　　5．感謝 6．笑納　　　7．鋭意　　　8．略儀　　9．書中　　10．敬具
解説	お中元をいただいた相手には，できるだけ早く礼状を出すようにします。 1．お中元は7月初めから15日くらいまでに送るため，時候の挨拶は「盛夏・猛暑」です。 2．会社あてには「ご隆盛・ご発展・ご繁栄」を用い，個人あてには「ご健勝・ご清栄・ご活躍」などを用います。 10．一般的に挨拶状は頭語「拝啓」で始まり，結語「敬具」で終わります。

設問4

解答	1．恐れ入りますが，本日は面談のお約束を承っておりますでしょうか。
	2．お仕事中に申し訳ございませんが，ご報告申し上げたいことがございます。ただ今お時間よろしいでしょうか。
	3．よろしければ，私がご伝言を承りますが，いかがいたしましょうか。
	4．恐れ入りますが，そちらの椅子にお掛けになって，こちらの用紙に必要事項をご記入いただけませんでしょうか。
	5．あいにく課長の大塚は席を外しております。戻りましたらお電話を差し上げるように申し伝えますが，よろしいでしょうか。
解説	クッション言葉を使うことで，相手に依頼をする際や相手からの要望に応えられないとき，相手に及ぶ心理的な衝撃を和らげます。 　クッション言葉には，次のような言葉があります。 ・相手に声をかけるとき　⇒　「失礼ですが」「恐れ入りますが」 ・相手に依頼をするとき　⇒　「ご足労をおかけしますが」 ・相手の意向を尋ねるとき　⇒　「よろしければ」「お差し支えなければ」「お尋ねしたいのですが」 ・相手の誘いや依頼を断るとき　⇒　「申し訳ございませんが」「あいにくですが」「残念ですが」「せっかくですが」 ・相手に手間や面倒をかけるとき　⇒　「ご面倒をおかけいたしますが」

第3問【ビジネスマナー】

設問1

解答	1．約束の有無　　2．斜め前　　3．中央　　4．内開き　　5．外開き　　6．上座
解説	来客応対では，最初の応対が会社のイメージとなります。社員一人ひとりが会社を代表しているという意識を持ち，好感を持たれる応対を心掛けましょう。また，来客にとって訪問先は慣れない場所です。案内する際は，相手の気持ちになって歩調やペースなどに配慮しながら案内しましょう。

設問2

解答	1．注文した商品とは違うものが届いていることを詫びる。 2．担当者は外出中で1時間後に戻ることを伝え，代わりに対応をする。 3．すぐに状況を確認し，折り返し連絡することを伝える。 他，連絡先と担当者名を聞く，など。
解説	クレームを受けたら迅速に対応することが重要となります。長時間待たせる，たらい回しにする，などは避けるようにします。担当者は外出中ですので代わりに対応するようにします。事実関係を確認するなど，対応に時間を要するため折り返し連絡することを伝えます。迅速で誠意ある対応は，取引先との信頼関係を築く一歩となります。

設問3

解答	1．会社の情報や機器を許可なく持ち出さない。 2．書類，機器，外部記憶媒体などを放置しない。 3．機密情報をメールで送る際は，暗号化しパスワードをつける。 他，機密情報の書類を廃棄する際はシュレッダーで細断する，など。
解説	情報を取り扱う際は，適切な情報管理が必要です。情報漏洩は企業の信用を失い，競争力の喪失に加えて，賠償問題にまで発展する場合があり，ダメージは計り知れません。大切な情報を守りつつ活用するには，そのための知識と対策が必要となります。

設問4

解答	1．普段から突発的な出来事を見越して，余裕をもって組む。 2．書類の提出など，期限のあるものは日程表に記載する。 3．いくつか仕事が重なった場合は優先順位をつける。 他，予定にいくつか候補がある場合，候補日も日程表に記載する，など。
解説	1日24時間は，すべての人に与えられた平等な時間です。プライベートではどのように使っても自由です。しかし，ビジネスの現場では個人が働く時間は会社のコストとなります。仕事がスムーズに進むように行動予定を管理する必要があります。「忙しすぎて何もできない」「いつ終わるか分からない」とならないように，自分の時間を自分で管理することが重要です。突然のトラブルや急な出来事も見越して，余裕のある日程を組みましょう。

設問5

解答	1．簡易書留　　　2．現金書留　　3．ゆうメール　　4．普通郵便 5．料金別納郵便　　6．ゆうパック
解説	1．少額の貴重品を確実に送るときに利用します。郵便局で手続きを行い，引き受けと配達のみが記録され5万円を限度とした賠償を受けられます。 2．現金を送る際は，専用の現金封筒を使用します。手紙の他，祝儀袋も入れることができます。 3．1kgまでの荷物を送ることができます。封筒の見やすい箇所に「ゆうメール」と表記し，中身が分かるよう封筒の一部を開くか無色透明部分がある包装をします。 4．領収書は貴重品ではないため，普通郵便で送ります。 5．同額料金の郵便物を10通以上発送する場合に利用します。定められた「料金別納郵便」を表示印刷またはスタンプすることで切手を貼る手間が省けます。 6．重さや大きさが通常郵便を超えるときに利用します。長さ・幅・厚さ・重さが定められています。

設問6

解答	1．A　仏式　　　B　キリスト教式 2．A　焼香　　　B　献花 3．A
解説	仏式は，霊前に向かって合掌し，一礼します。キリスト教式は，花を献花台に捧げ黙祷します。また，神式は，玉串を捧げて音を立てず二回拍手一拝します。 　「初七日」は仏式の故人の冥福を祈る儀式です。本来死後7日目に行いますが，最近は告別式の直後に行われるのが一般的です。

主催 公益社団法人 全国経理教育協会 後援 文部科学省

第54回社会人常識マナー検定試験 標準解答
1 級

試 験 会 場		学 校 コ ー ド		合 計 得 点
氏 名		受 験 番 号		

第1問 【社会常識】

設問1	1 委託	2 均衡	3 是正	4 大勢	5 収拾
	6 ロテイ	7 カシャク	8 ゲイゴウ	9 ハンレイ	10 チュウチョ

設問2	1	2	3	4	5
	平	大	雄	柔	誤

設問3	1	2	3	4	5
	協力 協業	課題解決 問題解決	主導権	損害 損失	標本抽出

設問4	1	2	3	4	5
	ジョブローテーション	リストラクチャリング リストラ	国土交通	セーフガード	IOC

設問5	1	2	3	4	5
	ア	ウ	カ	オ	エ

第1問

第2問 【コミュニケーション】

設問1	1	2	3	4	5
	イ	エ	ア	カ	ウ

設問2	1	2	3	4	5
	照会状	稟議書	議事録	契約書	案内状

設問3	1	2	3	4	5
	引見	微力	自愛	笑納	万全
	6	7	8	9	10
	拝受	略儀	末筆	厚情	査収

設問4		
	1	このたびはご愁傷さまでございます。
	2	ご伝言は確かに承りました。課長の大塚に申し伝えます。私は品川と申します。
	3	会議の時間になりましたので，よろしくお願いいたします。
	4	お忙しいところ申し訳ございません。来週の会議の件は，ご存じでいらっしゃいますか。
	5	ご迷惑をおかけいたしまして，深くお詫び申し上げます。今後はこのようなことがないように注意いたします。誠に申し訳ございません。

第2問

第3問 【ビジネスマナー】

設問1	1	2	3	4	5
	オ	イ	エ	ア	カ

設問2

1．訪問先企業のホームページなどで会社情報を調べる。

2．当日使用する資料や名刺を用意する。

3．訪問先の場所や道順，出発時間を調べておく。

他，当日までに時間が空くときは念のため前日に連絡を入れる，など。

設問3

1．開催日時

2．開催場所

3．議題（開催の趣旨）

4．出欠の連絡方法と締切日

他，配付資料の有無，など。

設問4

1．現金書留で送る。

2．郵便局で手続きを行う。

他，香典袋の他に手紙を入れて送る，など。

設問5

1	2	3
寿	粗品	寒中見舞い

4	5	
寸志	金一封	

設問6

大久保課長

取引先の目黒様からお電話がありました。
先週注文した商品Aが本日届いたそうです。
これまでのものとはパッケージが違うように感じるが，何か変わったのか教えて欲しい，とのことです。
よろしくお願いいたします。

○月○日○時
大塚受け

第3問

第1問【社会常識】

設問1

解答	1．委託　　　2．均衡　　　3．是正　　　4．大勢　　　5．収拾
	6．ロテイ　　7．カシャク　　8．ゲイゴウ　　9．ハンレイ　　10．チュウチョ
解説	1．「委託（イタク）」は，役割や業務を人に頼んで任せることを意味します。
	4．「大勢（タイセイ）」は，物事の一般的な傾向や大体の状況を意味します。「体制」「態勢」などの同音異義語に注意しましょう。
	6．「露呈（ロテイ）」は，隠れていた事柄が表面に現れ出ることやさらけ出すことを意味します。
	7．「呵責（カシャク）」は，責め苦しめることを意味します。

設問2

解答	1．平　　2．大　　3．雄　　4．柔　　5．誤
解説	四字熟語は，コミュニケーションをとる上で日常的に使用されます。正しく意味を理解し，的確に使用できることが大切です。今回の問題の他にも，頻繁に見聞きするものをいくつか紹介しましょう。
	「一期一会」・・・一生のうちに出会う機会は一度だけという気持ちで人に接すること
	「自然淘汰」・・・環境変化に適応したものが生き残り，それ以外は滅びること
	「薄利多売」・・・個々の利益は少なくして，大量に売ることで利益をあげること

設問3

解答	1．協力／協業　　2．課題解決／問題解決　　3．主導権　　4．損害／損失
	5．標本抽出
解説	ビジネスの場面では，カタカナ用語が多用されます。コミュニケーションの中で的確に使用することができるよう，言葉の意味を正しく認識しておきましょう。今回の問題の他にも，アグリーメント（合意／一致），アドバンテージ（利点／強み），クオリティー（品質／質），ディテール（詳細／細部），マイノリティー（少数派），パテント（特許権），フォーカス（焦点），ポピュラー（一般的／大衆的），リーク（情報漏洩／漏出），レアケース（珍しい事例）など多くのカタカナ用語が頻繁に使用されます。

設問4

解答	1．ジョブローテーション　　2．リストラクチャリング／リストラ　　3．国土交通
	4．セーフガード　　　　　5．ＩＯＣ
解説	2．リストラクチャリングは，企業などが成長分野への集中や不採算部門の縮小・撤退といった手法によって事業を再構築し，収益性の向上や成長性を加速させることを意味しています。その一環として，人員整理や解雇が行われることもあります。
	3．国土交通省は，国土計画，都市，道路，河川，港湾，交通の他，観光や気象など大変幅広い領域の社会整備を管轄する行政機関です。

設問5

解答	1．ア（ワーク・ライフ・バランス）　　2．ウ（ライフスタイル）　　3．カ（貢献） 4．オ（復職）　　5．エ（女性）
解説	企業を取り巻く社会や経済の変化とともに，個人の働き方に対するニーズやライフスタイルも変化し多様化してくると，従来型の一律的な雇用・労務管理では優秀な人材を確保できなくなりました。そのため，企業は多様な雇用形態を用意し，就労しやすい環境の整備を余儀なくされました。この流れは今後もさらに進んでいくことになります。

第2問【コミュニケーション】

設問1

解答	1．イ（予告）　　2．エ（分かりやすい）　　3．ア（専門用語） 4．カ（聞き手）　　5．ウ（重要）
解説	話す内容は十分に理解したうえで説明します。長い説明や複雑な内容のときは途中で相手が理解しているかを確認するなどにも気をつけましょう。説明はこちらが伝えたいことを話すのではなく，相手が理解してくれるためにはどのようにしたらよいかを考えて，伝え方を工夫しましょう。

設問2

解答	1．照会状　　2．稟議書　　3．議事録　　4．契約書　　5．案内状
解説	他にも次の文書などがあります。 ・回答状・・・照会や依頼を受けた事柄へ回答する文書 ・督促状・・・約束したことが実行されない場合，それを催促する文書 ・送付状・・・契約書や資料など，送る文書を明記して添付する文書 ・依頼状・・・こちらの要望を伝えて，行動を起こしてもらうための文書 ・承諾状・・・相手からの依頼や交渉，督促などに対しての承諾の意思を伝える文書 ・詫び状・・・当方の不手際（ミス）や相手に損害を与えた場合の謝罪を述べた文書

設問3

解答	1．引見　　2．微力　　3．自愛　　4．笑納　　5．万全 6．拝受　　7．略儀　　8．末筆　　9．厚情　　10．査収
解説	ビジネス文書での慣用表現を覚えましょう。 ・急いでお知らせします　⇒　取り急ぎお知らせいたします ・結構な品を贈ってくれてありがとうございます　⇒　結構なお品をご恵贈くださいましてありがとうございます ・確認してお納めください（書類）　⇒　ご査収ください ・どうぞ心配しないでください　⇒　何とぞご放念ください ・お礼とともに案内します　⇒　御礼かたがたご案内申し上げます

設問4

解答	1．このたびはご愁傷さまでございます。
	2．ご伝言は確かに承りました。課長の大塚に申し伝えます。私は品川と申します。
	3．会議の時間になりましたので，よろしくお願いいたします。
	4．お忙しいところ申し訳ございません。来週の会議の件は，ご存じでいらっしゃいますか。
	5．ご迷惑をおかけいたしまして，深くお詫び申し上げます。今後はこのようなことがない 　ように注意いたします。誠に申し訳ございません。
解説	1．葬儀や告別式に参列するときの受付での言葉は覚えておきましょう。
	2．「上司に伝える」というときは「お伝えいたします」ではなく「申し伝えます」といいま 　す。
	3．上司が仕事に集中しているときや急ぎの仕事に対応しているときなど，会議の時間に気 　づかないときには，部下が配慮して伝えます。上司に失礼な言い方にならないように， 　時間になったことを知らせ「よろしくお願いいたします」を添えることも忘れないよう 　にしましょう。
	4．「知っているか」というときは「ご存じでいらっしゃいますか」といいます。
	5．「深くお詫び申し上げます」などと詫びの気持ちを述べます。

第3問【ビジネスマナー】

設問1

解答	1．オ（一括）　　2．イ（処分）　　3．エ（具体的）　　4．ア（統一） 5．カ（色分け）
解説	1日5分の書類探しも，毎日積み重ねると年間20時間にもなるといわれます。必要な書類 が探してもなかなか見つからない原因の一つとしてファイリングがあります。書類やデータ を的確に整理・分類できれば，時間を節約でき，仕事の効率も上がります。

設問2

解答	1．訪問先企業のホームページなどで会社情報を調べる。
	2．当日使用する資料や名刺を用意する。
	3．訪問先の場所や道順，出発時間を調べておく。
	他，当日までに時間が空くときは念のため前日に連絡を入れる，など。
解説	新規の取引先を訪問する際は，事前にしっかりとした準備が必要となります。訪問先企業 の情報は，ホームページや新聞記事などで調べておきます。名刺はきれいな状態のものを余 分に用意し，面談の際に必要な資料や会社のパンフレットなど用意して臨みます。

設問3

解答	1．開催日時
	2．開催場所
	3．議題（開催の趣旨）
	4．出欠の連絡方法と締切日
	他，配付資料の有無，など。
解説	会議の案内は，会議当日の限られた時間でスムーズに進行ができるよう参加者への配慮が必要です。案内の記載項目は５Ｗ１Ｈにそって「いつ，どこで，誰が，何を，なぜ，どのように」など必要な項目を記載します。

設問4

解答	1．現金書留で送る。
	2．郵便局で手続きを行う。
	他，香典袋の他に手紙を入れて送る，など。
解説	「香典」とは，亡くなった人の霊前に供える金品のことをいいます。本来は，香典は通夜や葬儀，告別式の際に直接持参するものですが，遠方で出向くのが難しい場合など，やむを得ない理由で伺えないときに郵送します。現金書留専用の封筒を使用し，香典袋（不祝儀袋）に現金を入れて送ります。また，手紙を入れることもできます。

設問5

解答	1．寿　　2．粗品　　3．寒中見舞い　　4．寸志　　5．金一封
解説	贈り物をする際は，目的は何かを上書きに示して贈ります。
	1．「寿」は，結婚・賀寿などに使用します。
	2．「粗品」は，贈る相手に対して謙譲の意味で使います。ビジネスでは，カレンダーやタオル，ペンなどの実用品に使用します。
	3．「寒中見舞い」は12月25日頃から年末までと１月７日から節分までの時期に使用します。
	4．「寸志」は，目上の人から目下の人への御祝いや心付けとして使用します。また，目上の人に現金を渡すのは失礼となります。
	5．「金一封」は，金額を明示しない寄付金や賞金などに使用します。

設問6

解答	大久保課長 　　取引先の目黒様からお電話がありました。 　　先週注文した商品Aが本日届いたそうです。 　　これまでのものとはパッケージが違うように感じるが，何か変わったのか 　　教えて欲しい，とのことです。 　　よろしくお願いいたします。 　　　　　　　　　　　　　　　　　　　　　　　　　　　　　　○月○日○時 　　　　　　　　　　　　　　　　　　　　　　　　　　　　　　大塚受け
解説	伝言メモに記載する項目は，次のとおりです。 　①　誰宛のメモか 　②　相手の会社名・氏名 　③　伝言の内容 　④　受けた日時 　⑤　電話を受けた人の名前 　　内容は５Ｗ３Ｈの用件で簡潔に記載します。

ご　注　意

① 本書は，「著作権法」によって，著作権等の権利が保護されている著作物です。無断で転載，複写されると，著作権等の権利侵害となります。上記のような使い方をされる場合には，あらかじめ当協会宛に許諾を求めてください。

② 本書の内容に関しては訂正・改善のため，将来予告なしに変更することがあります。
本書の内容について訂正がある場合は，ホームページにて公開いたします。
本書発刊後の法改正資料・訂正資料等の最新情報なども含みます。

③ 本書の内容については万全を期して作成いたしましたが，万一ご不審な点や誤り，記載漏れなどお気づきのことがありましたら，当協会宛にご連絡ください。
過去問題は，当該年度の出題範囲の基準により作成しています。本年度の検定試験は別表の出題範囲にあわせて問題作成いたします。

④ 落丁・乱丁本はお取り替えいたします。

⑤ 誤りでないかと思われる個所のうち，正誤表掲載ページに記載がない場合は，
・「誤りと思われる内容（書名／級段／施行回数／ページ数／第〇問　等)」
・「お名前」
を明記のうえ郵送またはメールにてご連絡下さい。
回答までに時間を要する場合もございます。あらかじめご了承ください。
なお，正誤のお問い合わせ以外の書籍内容に関する解説・受験指導等は，一切行っておりません。

〒170-0004　東京都豊島区北大塚１−13−12
公益社団法人全国経理教育協会　検定管理課
ＵＲＬ：https://www.zenkei.or.jp/
メール：helpdesk@zenkei.or.jp

メールフォーム

正誤表掲載ページ

令和6年度版　社会人常識マナー検定試験
第38回・第40回・第42回・第44回・第46回・
第48回・第50回・第52回・第54回
過去問題集　1級

2024年4月1日　第十四版発行

発行所
公益社団法人 全国経理教育協会
〒170-0004 東京都豊島区北大塚1丁目13番12号　Tel.03（3918）6131　Fax.03（3918）6196
http://www.zenkei.or.jp

発売所
株式会社清水書院
〒102-0072 東京都千代田区飯田橋3-11-6　Tel.03（5213）7151　Fax.03（5213）7160
https://www.shimizushoin.co.jp/

印刷所
㈱エデュプレス
ISBN978-4-389-43067-2
乱丁，落丁本はお手数ですが当社営業部宛にお送りください。
送料当社負担にてお取り替えいたします。
［東京オフィス］
〒110-0005 東京都台東区上野3-7-5　Tel.03（5807）8100　Fax.03（5807）8101

本書の内容の一部または全部を無断で複製，掲載，転載することを禁じます。